아이와 함께하는

동학농민혁명 유적지 탐험

동학농민혁명 130주년

아이와 함께하는

동학농민혁명 유적지 탐험

박정민 – 박서현

전북대학교출판문화원

신순철 | 동학농민혁명기념재단 이사장

2023년 유네스코는 동학농민혁명기록물을 세계기록유산으로 등재하였습니다. 이는 세계인이 동학농민혁명의 세계사적 가치와 의미를 인정한 것입니다. 그리고 올해 2024년은 동학농민혁명이 일어난 지 130년이 되는 해입니다. 동학농민혁명은 1994년 100주년이 되어서야 반란에서 혁명으로 역사적 평가를 받았고, 130년이 지난 후에야 세계사적 사건으로 인정을 받았습니다. 그러나 아직까지도 많은 사람들이 동학농민혁명의 진정한 가치와 의미를 잘 알지 못하고 있습니다. 매우 안타까운 현실이 아닐 수 없습니다. 그런데 무엇보다도 중요한 것은 자라나는 학생들이 동학농민혁명에 대한 관심을 보이고 있지 않다는 것입니다.

이러한 고민을 하던 중 박정민 교수님과 따님이 쓴 이 책을 보게 되었습니다. 두 부녀의 정겨운 대화를 통해 이보다 더 쉽게 동학농민혁명을 설명할 수 있을까 하는 의문이 들 정도였습니다. 실제 이루어지는 아빠와 딸의 대화는 이 책을 끝까지 읽게 하는 가장 큰 장점입니다. 그동안 동학농민혁명을 비롯한 역사 관련 용어들이 아이들이 이해하기에 매우 어려웠었다는 사실과 서현이의 말대로 역사를 싫어하게 만든 원인이 아니었을까 하는 생각도 해 보았습니다.

우리와 같은 연구자들이 생각하지 못했던 부분을 아이의 눈높이로 실제 동행하면서 알아가는 장면은 매우 인상 깊었습니다. 동학농민혁명의 주요 유적지를 직접 답사하면서 아이에게 그 의미와 시대 배경을 설명하는 장면은 마치 옆에서 그 설명을 듣는 것처럼 쉽게 이해되었습니다. 이 책이 아이들과 함께 관련 유적지를 답사하는 부모님에게 큰 도움이 될 수 있기를 기대해 봅니다.

이 책은 그동안 일반인에게 동학농민혁명을 이해시키고자 하는데 집중되었던 점에서 벗어나 초등학생 혹은 중학생 등 자라나는 세대에게 큰 도움을 줄 수 있을 것이라 생각합니다. 동학농민혁명은 전라도만의 역사가 아니라 전국적인 사건이었으며 동아시아는 물론 세계사적으로도 획기적인 전환을 가져온 사건이었습니다. 동학농민혁명 130주년이 되는 2024년에 부모와 아이들이 함께 꼭 한 번 읽어야 할 책으로 자신있게 추천합니다.

신경수 | 드라마 「녹두꽃」 PD

아빠와 딸의 유쾌한 대화를 쉼 없이 따라갔습니다. 그들의 따스한 여정이 즐거웠습니다. 묻고 답하고, 삐지고 달래고, 놀다 공부하다 하는 두 사람의 밀당 여행!

집에 있는 아이들이 생각났습니다. 식구들과 당장이라도 남도 여행을 떠나고 싶었습니다. 그리고는 아련한 기억들이 떠올랐습니다. 4, 5년 전 드라마 「녹두꽃」을 준비하던 시절이. 여러 자료를 모아서 공부하고, 반드시 돌아봐야 할 장소들을 지도에 표시하고, 그중 전체 스태프들이 가야 할 곳과 주요 스태프들이 가야 할 장소를 나눠 때로는 봉고로 숫자가 많을 때엔 버스로 며칠을 돌아다녔습니다. 공교롭게도 '녹두꽃' 드라마 준비 과정의 첫 여정 역시 '아이와 함께 하는 동학농민혁명 유적지 탐험'의 첫 장의 장소인 경주였습니다.

이 책이 그때 있었다면 얼마나 좋았을까 싶습니다. 장소에 대한 설명과 함께 동학의 흐름을 짚어주는 일대일 전담 가이드가 저희 드라마 팀에는 없었습니다. 5년 전 출간되었다면 저희 드라마 스태프며 배우들이 모두 다 한 권씩 사서 탐독을 했을 텐데 말이죠.

그림이 그려집니다. 각 장마다 부녀의 모습이 삽화처럼 눈에 선합니다. 중요한 우리의 역사를 재밌게 가르쳐 주는 선생님. 하나를 알려주면 열을 깨치고 자기 할 말 다 하는 학생. 이 둘의 여행을 통해 공부를 새삼 많이 했습니다.

시간이 흘러 많이 까먹었어요. 드라마 감독이 역사 선생님은 아니고, 아무리 중요하고 가슴 아픈 역사라 하더라도 그 세부적인 모든 것을 다 기억할 수는 없으니까요. 게다가 시험 볼 일도 없으니까요. 하지만 이 책을 통해 뜻깊은 복습을 했습니다. 무엇보다도 재미있었고! 비록 특별한 목적 때문에 읽은 것은 아니지만 요점 정리가 확실해서 받아들이는 정보량을 취사선택하기가 쉬웠습니다.

장담합니다. 1800년대 말, 그러니까 구한말의 조선 역사를 전체적으로 파악하기에 가장 좋은 책입니다. 동학에 대한 전체적인 흐름과 의의를 이해하는데도 훌륭한 교재입니다. 그리고 무엇보다도 골치 아픈 역사에 대한 흥미가 생길 거예요. 덤으로 한문 공부도 많이 합니다. 어려운 한자어 용어들, 개념들, 사자성어들이 술술 풀립니다. 덩달아 국어 실력도 늘어가겠죠? 당시의 중요한 인물들도 여럿 만날 거예요. 전봉준, 홍선대원군, 최제우, 최시형, 손병희, 김개남, 손화중과 같은 사람들을 마치 이 시대에 살고 있는 사람인 양 만나게 될 겁니다.

싫증 내지 않고 읽을 수 있는 '아이와 함께 하는 동학농민혁명 유적지 탐험'! 독파해 버리는 이 책을 저도 오랜만에 즐겁게 한달음에 읽었습니다.

하지만 다 읽고 하루가 지나고 나니 속상했습니다. 드라마를 만들 때, 방영할 때가 생각이 났나 봐요. 그래서 다시 책을 펼쳐 '새야 새야 파랑새야' 노래 가사를 읽고 속으로 노래를 불러봤습니다. 마음이 아팠습니다. 왜 아빠는 딸을 데리고 그 아픈 역사를, 그 처절했을 현장을 돌아다녔을까요. 근사하고 폼나는 곳이 한국에 거기 말고도 넘쳐나고, 해외로 가면 에든버러나 교토와 같은 전통의 도시 혹은 베를린, 뉴욕과 같은 현대적 도시를 여행하면서도 배울 점이 많았을 텐데요.

혹 아빠의 직업 탓이었을까요? 그러다가 생각이 났습니다. 40여 년 전! 제가 초등학교 시절, 부모님과 함께 전라북도에 갔습니다. 명칭이 정확하진 않지만 '백산 걷기 대회'에 참가했던 기억이 떠올랐습니다. 아버지와 어머니의 손을 잡고 한참을 행진했던 하루. 사물놀이를 하면서, 깃발을 들고 여러 사람들이 어딘가로 걷고 또 걸었던 그 하룻날, 그 기억이 떠올랐습니다.

왜 제 부모님은 어린 저를 데리고 거기에 갔을까요? 서현이의 아버지와는 달리 그 행사에 대해서 별말씀은 없으셨지만, 지금 생각하니 가슴이 무언가로 먹먹해옵니다. 서현이 아빠의 마음을 그냥 잘 알 것 같았습니다.

그리고 제가 처음에 '녹두꽃'이란 드라마를 만들려 했던, 만들면서 견지하고자 했던, 끝나고 나서 많은 사람들이 보지 않아 서운했던 그 마음들이 하나하나 떠올랐습니다.

생생합니다. 말목장터에서 횃불을 들고 고부관아로 진격하던 그들의 함성. 시원합니다. 고부, 무장, 정읍 등등에서 깃발을 들고 왜구를 몰아내자던 사람들의 외침. 저려옵니다. 우금티를 넘기 위해 한없이 쓰러져가던 우리들의 절규가.

비록 패배했지만, 처절하게 실패했지만 이런 정신과 마음을 알아주길 바라는 마음으로 아빠는 서현이를 데리고 남도 여행을 떠난 것이라 생각합니다. 여러분도 그 여정을 함께 하세요. 동학농민혁명을 되짚어가는 첫걸음을 이 책으로 시작하세요. 아픔의 역사에 공감하며 미래를 위한 성찰을 같이 나누고 싶습니다.

감히 그런 마음으로 저는 '녹두꽃'이란 드라마를 만들었고, 잊고 있었던 마음은 '아이와 함께 하는 동학농민혁명 유적지 탐험'을 통해 다시 살아났습니다. 그렇게 1894년은 1990년대 말 백산 걷기로 2019년 '녹두꽃'으로, 그리고 이제는 아빠와 서현이의 여행 이야기로 다시 활짝 피길 기대해 봅니다.

| 말목장터와 감나무 설명판 |

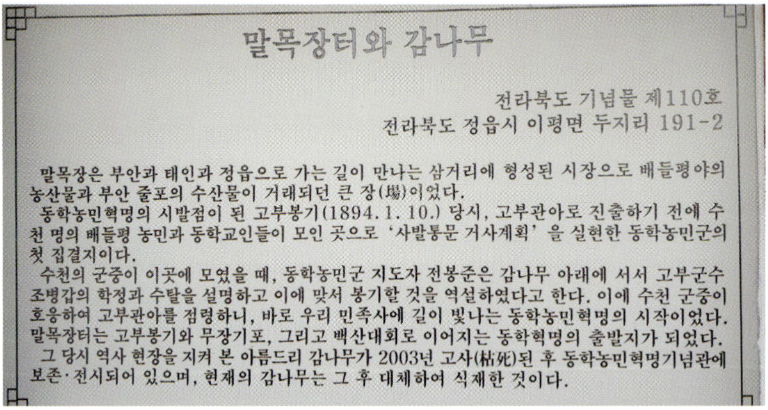

아빠 자 이제 서현이 많이 컸으니까 안내판을 읽고 아빠한테 설명해줘.

딸 (한참을 읽더니) 아빠 어려워

아빠 뭐가 어려워?

딸 아빠 무슨 말인지 모르겠어~

아빠 아니 대체 뭐가 어렵다는 거야?(라며 안내판을 읽어보았다. 한국사를 전공한 나에게는 너무 이해가 잘되었다. 명확한 역사적 용어, 표현 등) 음… 여기서 네가 이해 못하는 단어 말해볼래?

딸 아빠 부안은 여기서 어느 방향이고 태인이랑 정읍은 어떻게 가는 건데? 배들평야는 무슨 말이고, 줄포는 뭐야? 큰 장은 뭐고? …중략…

딸아이의 속사포 질문에 머리가 지끈지끈 아팠다. '맞아. 이건 나만 아는 것이지 애들 그리고 일반인들이 이해하기에 너무 어렵겠구나.'라는 생각이 들었다. 평소 대학에서 한국사를 가르치며 학생들이 최대한 쉽게 이해하도록 하고 지역의 역사문화 자원을 잘 알려야 하는 자리에 있는데, 나 스스로 이런 부분에 둔감했었다는 사실도 뼈아팠다. 아마 초등학생을 둔 부모들 역시 나와 같은 고민을 하고 있을 것 같다는 생각을 했다. 비단 이들뿐만 아니라 역사에 관심은 있지만 전공하지 않은 사람들에게 진입 장벽이 상당히 높은 학문이라는 생각이 들었다.

그렇다면 내가 뭘 할 수 있을까? '지역사회의 공헌'이라는 거창한 담론을 빼고 단순히 우리 아이에게 어떻게 하면 쉽고 재미있게 이해할 수 있도록 할까? 이러한 생각이 머릿속을 떠나지 않았다. 그리고 아이와 함께 우리 지역에서 일어난 중요한 역사적 사건이자 한국사에 큰 영향을 미친 '동학농민혁명'을 주제로 주말마다 답사를 다니며 쉽게 이해할 수 있도록 설명해 보자는 결론에 다다랐다. 해당 장소로 이동하면서 차 안에서 설명해 주고, 다시 그 역사적 현장을 둘러보면 쉽게 이해할 수 있으리라는 믿음에서였다. 또한, 2024년이 동학농민혁명이 일어난 지 130주년이라는 사실도 내가 이 책을 집필하는 동력이었다.

이 책은 이러한 문제의식에서 만들었다. 따라서 학계의 논쟁 등은 포함하지 않고, 정설이라고 알려진 내용을 토대로 이야기를 구성할 것이다. 또한, 용어사용에 민감한 부분이 있다. 여기에서는 동학농민혁명 기념관에 기재된 내용을 따르기로 하겠다. 예를 들어, 1차 봉기는 1차 농민전쟁, 1차 농민운동 등 여러 용어를 대신하여 사용한 것이다. 마찬가지로 가장 예민하다고 할 수 있는 동학농민혁명도 마찬가지이다. 갑오농민전쟁, 동학혁명, 동학혁명운동, 동학농민 혁명운동, 동학농민운동 등 수많은 용어가 있지만 여기에서는 동학농민혁명으로 기술할 것이다.

이 책에는 역사적 사실을 기반으로 재미와 신선한 충격을 위해 곳곳에 남겨진 구전 등도 포함할 것이다. 그리고 아빠와 딸이 대화하는 형식의 구어체로 풀어서 쉽게 이야기하고자 한다. 따라서 학술적으로 논란이 있는 부분이 있을 수도 있다. 하지만 아이에게 쉽게 설명해 주기 위한 것이라고 이해해 주시길 바란다. 한편으로 이야기에 등장하는 지역은 최대한 가보고 사진으로 남기려고 한다. 물론 전문가용 카메라가 아니라 부모와 아이들이 평소 주말에 즐길 수 있는 컨셉을 유지하기 위하여 나와 아이의 스마트폰으로 촬영할 것이다.

주변에 아이들과 역사 유적지를 가는 숙제 등을 어려워하는 지인들이 있다. 이 책이 아이들의 질문세례에 당황하지 않고, 여유롭게 대답하는 데 도움이 되길 바라는 마음이다. 그보다 우리 아이에게 안내판에 있는 설명보다 이해하기 쉬운 부모용 설명서가 되길 바라는 마음이 크다.

동학은 개인적으로도 인연이 있다. 필자의 선산과 집성촌은 완주군 구이면 백여리로 정읍시 산외면과 경계를 이루고 있다. 할머니도 정읍시 칠보면에 세거한 여산 송씨로 같은 생활권을 이루고 있다. 물론 한국전쟁 때 전주에 가까운 쪽으로 집안이 피난 나왔지만, 어릴 적부터 성묘를 가면서 많이 들었던 이야기가 근처 회문산의 빨치산 때문에 피난 나와서 가세가 기울었던 이야기, 그리고 어렴풋하게 들었던 동학이다. '동학 난 때 진개남이 참~ 인물이었다', '동학 난 때 곡식을 냈다'는 것이었다. 필자는 당시에 전라도 사투리로 '김'을 '진'으로 발음하는 것도 잘 몰라서 진짜로 진개남이라는 사람이 있는 줄 알았다.

이후 필자가 사학과에 진학하고, 동학에 대해 조금이라도 알게 되면서 진개남이 아닌 김개남인 것도 인지했고, 김개남의 거주지가 우리 선산과 가까운 근처 동네였다는 것, 그리고 그가 임실에서 훈장을 하거나 결혼했던 곳들이 다 우리 선산 일대를 반드시 지나가야 하는 같은 생활권이었다는 사실을 알았다. 추정컨대 그렇기 때문에 김개남이라는 인물에 대한 이야기가 몇 세대를 거쳐 나에게까지 전승되었을 가능성이 높다는 것이다. 또한, 아내가 석사를 마치고 잠시 2년 정도 서울의 '동학농민혁명 참여자 명예회복 심의위원회'에 근무한 적이 있다. 이래저래 동학은 내 삶과 밀접하고, 운명(?)적으로 인연을 맺게 되는 것은 아닌가 하는 생각이 든다. 그래서 동학을 전공하지는 않았지만 최대한 쉽게 동학을 알리고자 이 책을 쓰게 되었다.

마지막으로 이 책을 쓰는데 많은 분들의 도움이 있었다. 먼저 학문의 세계로 이끌어주신 한문종 선생님께 감사드린다. 선생님의 가르침이 아니었다면 공부에 엄두도 낼 수 없었을 것이다. 그리고 하태규, 장준갑 선생님을 비롯한 전북대 사학과 교수님들께 감사드린다. 유호석 선생님을 비롯한 여러 선배님들과 동기들, 후배들의 응원도 잊을 수 없다. 아울러 동학농민혁명기념재단의 이병규 부장님은 많은 조언을 해주셨다. 하늘나라에서 지켜보고 계실 故 이경구 선생님께도 지면을 빌어 감사드린다. 흔쾌히 서평을 써주신 신순철 이사장님, 신경수 PD님께 감사하다. 특히, 서현이가 동학을 이해하는 데 드라마 「녹두꽃」의 영향이 컸다. 앞이 보이지도 않는 길을 선택해서 걱정을 많이 하셨을 부모님과 장인·장모님 등 가족들에게도 이제 마음의 빚을

갚은 거 같아 안도감이 든다.

마지막으로 20년째 곁에서 응원해 주고, 지켜주는 아내 김미주에게 진심을 다해 감사하다. 농담처럼 외국을 두 번이나 보냈다고 하지만 두 아이를 키우며 겪었을 어려움은 말하지 않아도 느끼고 있다. 부족하지만 이 책이 조금이라도 위안을 줄 수 있으면 좋겠다. 그리고 이 책의 공동저자인 딸 서현이가 아직까지도 아빠와 친하게 지내며 같이 다니면서 적극적으로 질문하고, 사진 찍고, 정리했기 때문에 이 책이 나온 것이다. 다른 무엇보다 딸과 이런 사이로 지낼 수 있다는데 가장 큰 보람을 느끼고 있다. 답사에 잘 동행해 준 우리 아들 주영이와 우리 가족이 모두 행복해지길 기원한다.

2024년 1월 2일

전주 시내가 보이는 연구실에서

목차

1장

—

동학의 발상지 경주로 가자

1장

동학의 발상지 경주로 가자

아빠　우리 동학에 대해 제대로 알기 위해 먼저 동학이 생긴 곳으로 가야겠지?

딸　어디로 가는데?

아빠　경주야.

딸　그렇게까지 멀리 가야 해?

아빠　동학이 처음 생긴 곳이니까 상징적 의미가 있잖아. 그리고 간 김에 국립 경주 박물관이랑 시내의 역사 유적지 볼 건데?

딸　뭐야 추운데 그냥 따뜻한 데서 놀지, 그런데 간다고? 싫어~~

아빠　이번 여행 컨셉은 동학이야. 하루는 동학을 보고 나머지 하루는 그곳의 다른 유적지인 신라와 관련된 것들을 보자. 에밀레종도 있고, 불국사, 석굴암도 있고, 금으로 만든 거 많아.

딸　알겠어. 그럼 다음에는 좀 재미있는 곳으로 데려가야 해.

아빠　에구 따님 모시고 답사 다니는 것도 힘드네.

딸　아빠. 그런데 답사가 뭐야?

아빠　그건 여행이랑 비슷한 건데, 어떤 일이나 사건이 실제로 일어난 곳을 가서 보고 조사하는 거야. 보통 역사 유적지를 가는 것을 답사한다고도 하고, 회사에서 어떤 일을 하기 전에 그곳을 미리 보고 오는 것도 답사라고 해.

딸 우리 공부하러 가는 거야?

아빠 뭐 그렇게 열심히 하지는 않을 거야. 유적지를 가면서 머리도 식히고, 가는 김에 공부도 하는 거지 뭐~~. 암튼 몇 년 전에 서현이가 드라마 「녹두꽃」 재미있게 봤잖아? 그리고 학교에서 전봉준 장군도 배웠지?

딸 응. 동학농민혁명.

아빠 오~ 잘 아는데? 그러면 혹시 동학의 사상, 그리고 동학을 만든 사람은 알아?

딸 아니. 그런 거 아직 안 배웠는데?

아빠 그래. 아직 한국사 안 배우니까 중학교 3학년 되면 배울 거야.

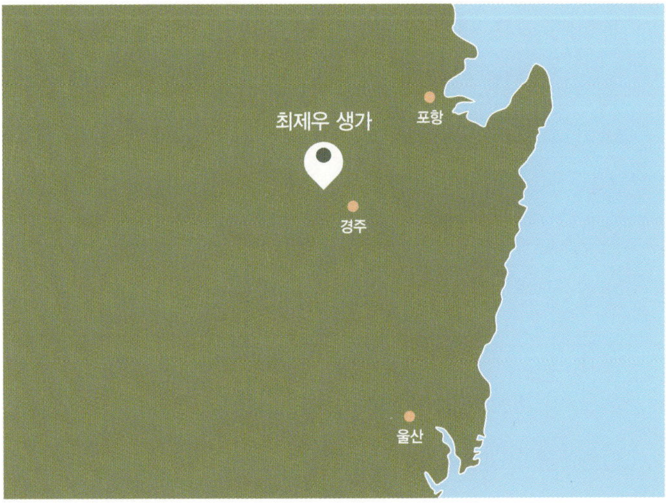

그림 1 | 경주 일대의 지도

딸 알겠어. 그런데 왜 경주까지 가?

아빠 무언가가 처음 생겨난 곳을 발상지라고 해. 동학의 발상지는 바로 경상북도 경주야. 거기 출신인 최제우라는 사람이 만들었어. 아무래도 최제우가 동학을 만들었다는 곳도 직접 가서 보고 설명도 들으면 더 이해가 잘 될 거 같은데?

딸 응. 아무래도 그러겠지?

아빠 일단 경주가 어디 있는지 지도를 한 번 볼까? 찾았어?

딸 아빠 어디 있는지 모르겠어.

아빠 일단, 경상북도를 찾아봐.

딸 응. 찾았어.

아빠 거기서 동해 바닷가 쪽에 있는 곳 중에서 찾아봐.

딸 음… 여기 있어.

아빠 근처에는 무슨 도시가 있어?

딸 위에 포항도 있고, 아래에 울산도 있고…

아빠 응. 잘 찾았네. 경주는 바로 거기에 있어. 지금 우리는 최제우 생가를 가거든. 생가란 어떤 사람이 태어나거나 살았던 집을 말해. 최제우의 생가는 경주시 현곡면이라는 곳에 있어. 이건 스마트폰에 있는 지도로 찾아볼까? 검색어로 '최제우 생가'라고 써 봐.

딸 음… 아빠 찾았어. 경주 시내로 들어가는 곳에 있어.

아빠 오~ 잘 찾는데? 지도로 보니까 어때? 그냥 경주라고 하는 거하고 경주의 어느 지역이라고 하는 게 다르지?

딸 응. 뭔가 더 자세히 아는 것 같아.

아빠 그래. 아빠가 지도를 보라고 한 건, 가는 곳의 위치가 대략 어디인지 확인하면 더 이해가 잘 되거든? 그리고 지도를 본 후에 직접 그곳에 가서 보면 다음에는 절대 안 잃어버려.

그림 2 | 최제우 고택(경북 경주시 현곡면 가정리)
: 현판에 그의 호를 따서 '수운고택(水雲古宅)'이라고 쓰여 있다.

딸 아빠 지금 지도를 보니까 경주에는 뭐가 엄청 많아.

아빠 아~ 경주가 유서 깊은 동네라 그래.

딸 유서 깊은 게 뭐야?

아빠 유서(由緖)란 까닭 '유', 실마리 '서'. 예로부터 전해 내려오는 까닭과 내력이 깊다 즉, 오래되었다는 거야. 그만큼 역사·문화와 관련된 게 많다는 거지. 경주는 거의 천 년 동안이나 신라의 수도이기도 했고, 고려 · 조선시대에도 중요한 지역이었어. 그래서 경상도의 '경' 자가 경주에서 따온 거야.

딸 그럼 '상'은?

아빠 그건 상주. 마찬가지로 우리나라는 크게 8도라고 8개였어. 전라도, 경상도, 충청도, 강원도, 경기도.

딸 딱 대한민국이네?

아빠 아니 그렇지 않아. 북한 쪽에도 있었어. 황해도, 평안도, 함경도 이렇게 말이야. 여기도 그냥 지명이 나온 게 아니라 다 이런 식으로 만든 거야. 자 그럼 전라도는?

딸 아빠! 몰라. 그냥 알려줘.

아빠 그래 미안해. 그냥 말할게, 전라도는 전주와 나주야. 참고로 8개 중에서 가장 먼저 이 이름이 나왔어. 얼마 전에 2018년이었잖아? 이 전라도라는 지명이 1018년에 처음 나온 거야. 그래서 전라도 천년이라고 부르고 있지.

딸 아~ 그 말 많이 들었어. 그게 그렇게 되는 거구나?

아빠 자 같은 식으로 충청도는 충주와 청주, 강원도는 강릉과 원주, 황해도는 황주와 해주, 평안도는 평양과 안주, 함경도는 함흥과 경성이야.

딸 오~ 난 그냥 이름이 붙은 줄 알았는데 뜻이 있었네? 신기해. 그러면 경기도는?

아빠 경은 서울 '경' 자야. '기'는 수도 부근이라는 뜻이고, 합치면 어떻게 되지?

딸 서울과 서울 부근?

아빠 그렇지. 그걸 경기라고 하는 거야. 경기만 좀 다르지? 이건 원래 중국에서 나온 개념인데 보통 수도 주변 500리라고 그 근처를 이야기하는 거야.

딸 아~ 그렇구나. 아빠 어렵지 않네?

아빠 원래 의미를 알면 전혀 어렵지 않아. 자 그럼 이제 이 내용은 이해되었어?

딸 응. 이제 알겠어.

아빠 자 그러면 다시 동학으로 가볼까? 우리 최제우 생가를 가고 있지?

딸 응. 근데 최제우가 누구야? 들어보긴 한 거 같은데 정확히는 모르겠어.

아빠 아까 말한 것처럼 최제우는 동학을 처음 만든 사람이야. 그래서 동학의 창시자라고도 하지.

그림 3 | 최제우 영정(국사편찬위원회 우리역사넷 인용)

딸 동학의 창시자면 중요한 사람이네? 그런데 갑자기 왜 만들었어?

아빠 그러려면 그 사람의 인생에 대해서 대충 알아야 해. 아빠가 최대한 간단하고 쉽게 이야기해 줄게. 만일 어렵거나 하면 바로 아빠한테 물어봐.

딸 아빠 그런 걱정은 하나도 하지 마. 나 눈치 안 보고 바로바로 물어보는 거 잘하잖아~

아빠 최제우는 1824년에 경주의 몰락한 양반 가문에서 태어났어. 아 연도 외우기 힘들지? 아빠가 습관적으로 하는 거니까 그냥 1800년대 초반, 이 정도로만 생각해도 돼. 아니면 조선 후기 뭐 이 정도여도 충분해. 역사는 연도 외우는 거보다 순서가 더 중요해. 아빤 그렇게 생각해. 나중에 꼭 외워야 할 것들은 아빠가 따로 말해줄게. 아마 한, 두 개 정도일 거야.

딸 처음부터 연도까지 외울 생각이 없었어. 그런데 몰락한 양반은 뭐야?

아빠 응. 요즘 우리나라에서 누구는 높은 사람이고, 누구는 낮은 사람이고 그런 게 있잖아?

딸 아니. 다 평등한 거 아냐?

아빠 그렇지. 요즘은 모두 다 평등하잖아? 그런데 옛날에는 안 그랬어. 조선시대까지 사람들이 평등하지 않고 신분에 따라 사람을 나누었어. 왕을 빼고, 제일 높은 신분을 양반, 그다음 하급 관리, 기술직 등을 하는 사람을 중인, 농사를 짓고, 장사를 하는 보통 사람을 상민, 누군가에게 소속되어 자유롭지 못한 신분의 노비(노예) 이렇게 크게 네 가지로 나누었어.

딸 맞아. 책에서 본 거 같아. 양반, 중인, 상민, 천민.

아빠 그런데 양반이라고 해서 다 똑같은 게 아니야. 양반이 되려면 지금으로 치면 행정고시 같은 과거 시험에 합격해야 해. 그런데 과거 시험이 엄청 어려워서 합격하려면 정말 아무 일도 안 하고 공부만 열심히 해야 하거든.

딸 뭐야. 옛날에도 엄청 힘들었네?

아빠 그렇지. 옛날에도 그런 시험에 합격하려면 힘들었어. 암튼 합격하려면 일하지 않아도 될 만큼 돈이 많아야 하지 않겠어?

딸 그렇지. 돈이 많아야 편하게 일하지. 알바 같은 것도 안 하고.

아빠 그래서 양반들은 대부분 부자이기도 해. 그런데 몇 대…

딸 몇 대? 그게 뭐야?

아빠 아 한 세대를 대라고 해. 예를 들어서 아빠와 자식 세대는 1대이고, 할아버지와 아빠는 2대, 할아버지와 손자는 3대 이런 식으로 하지.

딸 아하~ 뭔지 알겠어.

아빠 자~ 하던 이야기 계속하면 할아버지, 아버지, 나, 아들, 손자 등이 과거시험에 합격하지 못하면 나중에는 다른 사람들에게 양반이라고 인정받을 수 없어. 합격을 못해도 경제력이라도 있으면 좋은데, 땅도 별로 없어져서 점점 살기 힘들어지는 거야. 그래서 나중에 일반 농민들과 큰 차이가 없어지는 양반을 몰락한 양반이라고 해.

딸 응. 원래 양반인데 못살게 되면 몰락했다고 하는구나?

아빠 맞아. 최제우가 그런 거지. 게다가 사실 최제우의 친엄마는 다른 사람하고 결혼했다가 나중에 최제우의 아빠하고 결혼한 사람이야. 이걸 재가(再嫁)한 여자라고 해.

딸 재가가 뭐야?

아빠 다시 '재', 시집갈 '가'

딸 다시 시집간다?

아빠 맞아 두 번 시집갔다는 거야.

딸 그게 뭐? 문제야?

아빠 조선은 이렇게 재가한 사람의 아들은 아무리 능력이 뛰어나더라도 과거 시험을 볼 수 없게 하는 법까지 만들었어. 그래서 과거 시험을 볼 수 없었어.

딸 진짜 조선은 불공평한 나라 같아.

아빠 그러게 말이야. 암튼 최제우는 과거조차 볼 수 없는 신세이기는 했지만 그래도 그 아버지가 한문 공부랑은 시켰대. 그러다가 최제우가 17살 때 돌아가시면서 이제 자신의 힘으로 가족을 먹여 살려야 하는 거지.

딸 어린 나이에 막막하겠다.

아빠 그래 그래서 아버지가 남겨주신 얼마 안 되는 재산으로 사업도 했는데 망했대. 그 외 여러 가지를 해도 잘 안 되는 거야. 그래서 20살 넘어서는 그냥 발길이 닿는 대로 여기 저기 돌아다녔다는 거야. 그러다가 1859년에 36살이 되어서야 다시 고향으로 돌아온 거야.

딸 무책임한 거 아니야? 가족들을 먹여 살려야지.

아빠 그러게 우리 딸은 그럴 일이 없으니 얼마나 다행이야? 하던 이야기 계속하자면 당시는 세상이 너~무 힘들 때였어. 나중에 배울 삼정의 문란이라고 관리들이 농민들에게 많은 세금을 거두고, 부정부패가 여기저기서 나오게 된 거야. 삼정의 문란 같은 어려운 단어는 나중에 알려줄게.

딸 응. 너무 어려운 건 알려 주지 마. 지금도 어려워.

아빠 헐~ 너무 당당한데? 최제우가 그렇게 다니는 시기에는 전염병(콜레라)이 퍼져서 많은 사람들이 죽고, 고향을 떠나는 상황도 있었어. 지금으로 치면 코로나 같은 전염병이 유행한 거야.

딸 으~ 살기 힘들었겠네.

아빠 그리고 이양선으로 대표되는 서양 세력들이 우리나라에 몰려들고 있었지.

딸 이양선은 뭐야?

아빠 응. 당시 서양의 영국, 프랑스, 독일 등 여러 나라들이 자기 나라 말고 아프리카와 아시아 등에 식민지를 만들려고 했어. 영국은 전 세계에 식민지가 있어서 별명이 '해가 지지 않는 나라'였을 정도야. 예를 들어서, 본국인 영국에 해가 지더라도 홍콩이나 오스트레일리아 같은 데는 해가 떠 있지. 반대로 오스트레일리아가 밤이 되면 영국에 해가 뜨고, 그래서 영국 영토 안에 있으면 해가 지지 않는다는 거야. 그만큼 영토가 넓다는 이야기인 거야.

딸 와~ 멋있다.

아빠 그런데 그건 영국 사람들이 보기에 멋진 거지. 원래 인도나 홍콩, 오스트레일리아 같은 나라는 영국이 아니었잖아. 그건 우리가 일본의 지배 아래 있었던 것처럼 그 사람들도 영국의 지배에 있었던 거지.

딸 식민지?

아빠 맞아. 그걸 식민지라고 해. 어쨌든 영국이나 프랑스, 미국 사람들이 우리나라에 오려면 어떻게 올까?

딸 당시는 비행기가 없으니까 배 타고 왔겠지?

아빠 그렇지. 배를 타고 왔어. 그런데 박물관에서 본 우리나라 배 모양하고, 서양의 배 모양이 같았어?

딸 아니. 완전 다르지.

아빠 그래. 서현이야 영화나 박물관, 책 등에서 당시 서양 사람들이 타고 다니던 배 모양을 알 수 있지만, 당시 조선 사람들은 알 수 없잖아. 그래서 '우리와 다른 모양의 배다'라고 해서 이양선(異樣船)이라고 한 거야. 다를 '이', 모양 '양', 배 '선' 이렇게 되는 거야. 합치면?

그림 4 | 1871년 이양선(신미양요 참전 함정 콜로라도 호) 전쟁기념관

딸 다른 모양의 배?

아빠 그렇지. 봐. 이렇게 하면 어렵지 않지?

딸 신기하다. 안 어려워.

아빠 암튼 당시 우리나라 사람들이 보기에 이상한 배를 타고 온 다른 나라 사람들이 말도 안 통하는데, '이거 하자~ 저거 하자~' 하면 어떨 것 같아?

딸 무서울 것 같아.

아빠 그래. 그래서 당시 사람들이 불안해했던 거야. 거기에 관리들은 세금을 많이 걷어가지. 전염병이 돌아서 언제 죽을지 모르지 등등

딸 와 진짜 살기 힘들었겠다.

아빠 이러한 상황에서 최제우가 수련했다는 거야. 여러 해에 걸쳐서 49일 기도 형식으로 도(道)를 깨우치는 훈련을 했다고 해.

딸 기도만 한다고 그게 되나?

아빠 최제우는 일반 사람하고 달랐나 봐. 그래서 1860년에 하느님과 대화했고, 병을 고칠 수 있는 신령스러운 부적과 세상을 다스릴 수 있는 능력을 얻었다고 해. 이걸 가지고 최제우가 동학을 만들었대. 그러면서 그 내용을 사람들에게 가르쳐준 거야. 예를 들어, '시천주(侍天主)'라고 모실 '시', 하늘의 주인이라는 뜻의 '천주'가 합쳐진 거야. 합쳐보면?

딸 하늘의 주인인 천주님을 모신다?

아빠 봐봐~ 잘하네. 이건 말 그대로 하느님을 항상 내 마음속에 모시고 있다는 뜻이지. 이렇게 하느님을 모시고 있으면 하느님이 날 언제나 보호해주지 않겠어?

최제우가 1860년에 하느님과 만나서 대화한 내용

뜻 밖에도 이해(1860년) 4월 어느 날에 나는 마음이 아찔아찔하고 몸이 떨렸다. 무슨 병인지도 알 수 없고, 말로 표현하기도 어려웠다. 이 순간 어떤 신선의 말씀이 문득 들렸다. 나는 놀라 물었다.

하느님: "두려워하고 무서워하지 말라. 세상 사람이 나를 상제라고 부르는데, 너는 상제를 알지 못하느냐?"

최제우: "그럼 이게 무슨 일입니까?"

하느님: "나도 공이 없으므로 너를 이 세상에 나게 하여 이 법을 가르치려고 한다. 그러니 나의 말을 의심하지 말라"

최제우: 그러면 서도(西道 ; 천주교)로 사람을 가르칩니까?

하느님: 그렇지 않다. 나는 영부(靈符 ; 신령이 깃들어 있는 영험한 부적)를 가지고 있는데, 그 이름은 선약(仙藥 ; 효험이 좋은 성스러운 약)이고, 그 모양은 천극(天極)같기도 하고 궁궁(弓弓) 같기도 하다. 나의 영부를 받아 사람들의 질병을 고쳐주고, 나의 주문을 받아 사람들을 가르쳐서 나를 위하게 하라. 그러면 너도 오래 살며 천하에 덕을 펴리라.

『동경대전』「포덕문」의 내용을 대화체로 수정

딸 이상해. 거짓말 같은데? 그걸 사람들이 믿어?

아빠 자 이렇게 생각해볼까? 당시에 국가가 백성들을 지켜주고 있었어?

딸 아니. 못 지켜줬지. 더 힘들게 하고.

아빠 맞아. 그런 상황에서 최제우가 하느님으로부터 얻은 능력으로 병도 고쳐준다고 하고, 신분제가 엄격한데 노비들까지 평등하게 대해줬어. 그러니까 백성의 고통을 해방하는 종교라고도 할 수 있지. 백성들 입장에서도 계속 혼란스러운 세상이 끝나고 새로운 세상을 열 수 있다고 하니까. 이걸 '후천개벽(後天開闢)'이라고 하는 데 중요한 개념이니까 외워. 이런 주장을 하니까 백성들에게 최제우와 동학이 매력적이었나 봐.

딸 아~ 그런 이야기를 했어?

아빠 그리고 도사처럼 막 산속에 들어가서 수련도 하고, 그러니까 사람들은 더 멋있어 보였나 봐. 동학을 창시한 지 얼마 안 된 1861년 겨울에는 남원 은적암이라는 곳에 가서 수련하고 왔다고 해.

딸 경주에서 남원까지 너무 멀지 않아?

아빠 그렇지. 한 220Km에 차로만 2시간 반 정도 가니까 멀다고 할 수 있지. 그때는 차도 없어서 걷거나 말을 타야 했잖아.

딸 그러겠네? 진짜 먼데 왜 거기까지 가?

아빠 관청에서 요주의 인물로 두고 감시하고 하니까 그걸 피해서 여기까지 왔다고 해. 은적암은 남원 교룡산성 안에 있고, 지금은 터만 남아 있어. 교룡산성은 가봤지? 전주에서 남원에 들어가려면 여기를 지나가야 하는데 저번에 한 번 등산 가봤잖아? 여기에서 동학의 사상적 기반이 되었다고 하는 『안심가(安心歌)』·『교훈가(敎訓歌)』·『포덕문(布德文)』·『논학문(論學文)』 등을 만들었다고 해. 책 이름은 어려우니까 안 외워도 돼. 그런데 중요한 점은 『논학문』이라는 책에서 처음으로 '동학'이라는 이름을 썼대. 최제우는 자기가 처음으로 만든 종교의 이름을 당시 널리 퍼져 있던 서학에 대응해서 동학이라고 한 거야.

그림 5 | 교룡산성 입구의 기념공원(남원시 산곡동): 교룡산성은 뒤에 보이는 산을 두르고 있다. 성 안에 있는 은적암이라는 암자에서 최제우가 『논학문』 등을 지었다. 2차 봉기 때 김개남이 이곳을 거점으로 삼아 활약했던 곳이기도 하다. 이러한 역사적 사실로 남원시에서 기념공원을 조성하였고, 조형물 가운데 부분에 '동학 성지 남원'이라고 기재하였다.

딸 　와 어렵다. 그냥 남원으로 도망가서 공부해서 동학이라는 이름도 처음 만들었다고 생각하면 되는 거야?

아빠 　맞아. 그 정도만 이해해도 충분해. 이제 조금 어려운 이야기인데 동학의 사상을 잠깐 이야기하자면, 원래부터 있던 유교, 불교, 도교, 풍수 사상이 합쳐져 있어. 이것을 가지고 '인내천(人乃天)'을 주장해. 사람 '인', 곧(즉) '내', 하늘 '천'이야. 합치면 무슨 뜻?

딸 　사람이 곧 하늘이다. 이거 드라마 「녹두꽃」에서 나왔어.

아빠 　맞아. 사람이 곧 하늘인데, 그렇다면 사람들 간에 차이가 있어?

딸 　아니. 다 똑같지.

아빠 　그래. 아까 조선 후기에는 사람들이 평등하지 않다고 했지? 그런데 다 평등하다고 하니 사람들 입장에서 얼마나 좋겠어? 이건 전부터 있던 신분 제도를 없애자고 주장하는 거고, 농민들은 지지할 수밖에 없는 거야.

딸 나 같아도 찬성하지.

아빠 반대로 기존의 질서를 지키려는 조선 정부는 좋아하겠지?

딸 아니. 싫어할 것 같아.

아빠 왜?

딸 높은 사람들은 양반이잖아. 그런데 다른 사람하고 똑같아진다고 하면 기분 나빠할 것 같아. 지금도 뉴스 보면 그러잖아.

아빠 맞아. 정부의 높은 사람들은 동학이 자신들을 위협한다고 생각한 거야. '어디 감히 저런 농사짓는 상민과 소 · 돼지 잡는 천민들이 나하고 똑같아.' 이건 기존의 질서를 무시하는 거라고 할 수 있지. 그래서 정부의 높은 사람들은 동학을 건전하지 않고, 사악한 종교라고 해서 최제우와 동학을 믿는 사람들을 혹세무민(惑世誣民)의 죄로 체포한 거야.

딸 혹세 뭐?

아빠 혹세무민이라고 어지럽힐 '혹', 세상 '세', 속일 '무', 백성 '민'이야. 합쳐 봐.

딸 세상을 어지럽히고, 백성을 속인다?

아빠 그렇지. 그러한 죄목으로 1862년에 최제우가 경주에서 체포되었어.

딸 헐~ 그런다고 잡아가? 그럼 최제우는 끝인 거야?

아빠 이걸로 끝이 아니지. 최제우가 잡혀가니까 그를 따르는 제자들 수백 명이 쫓아가서 '우리 선생님은 죄가 없다.'면서 풀어달라고 요청해. 이런 노력으로 최제우가 무죄를 받고 풀려나.

딸 그래도 다행이네. 그럼 동학을 믿어도 되는 거야? 아무 죄 없이 풀려난 거잖아.

아빠 아주 예리한데? 사람들은 진짜 최제우가 이렇게 풀려나니까 동학을 믿어도 아무런 죄가 없다고 생각했어. 그래서 신도가 더욱 늘어났지.

딸 신도가 늘어나면 관리해야 하는 거 아냐?

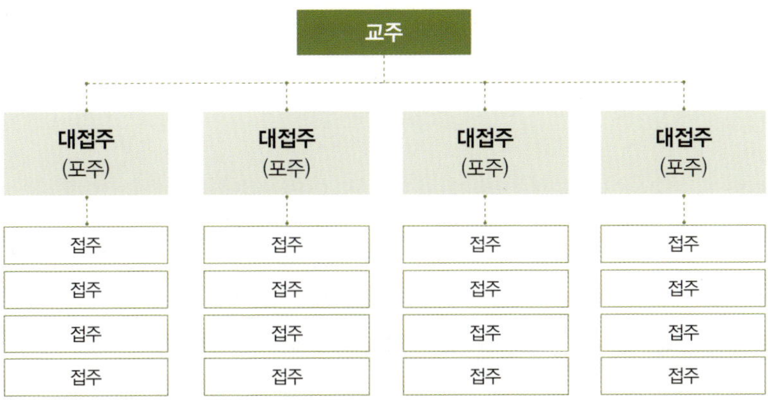

그림 6 | 포접제

아빠 맞아. 그래서 그해 각 지역에 접(接)이라는 걸 두고, 그 접의 조직원이 포교에 성공해서 많은 사람들이 들어오면 접주(接主)가 되어서 그 지역의 신도를 다스릴 수 있게 해. 그리고 이러한 접을 다스리는 조직이 있어야겠지? 그걸 대접주라고도 하고, 포(包)라고도 해. 그리고 제일 위에는 최제우나 최시형 같은 교주가 있는 거고. 이걸 포접제≒접주제라고 해. 어렵긴 한데 진짜 중요한 용어니까 기억해야 해.

딸 어렵긴 한데 무슨 말인지 알겠어.

아빠 일단은 알고 있으라고. 이런 건 나중에 한국사능력시험이나 수능, 이런 데에 나오는 중요한 용어거든. 설명을 들어야 뒤에 말이 이해가 잘 되니까.

딸 알겠어.

아빠 어쨌든 이 포접제 때문에 신도들을 효율적으로 관리할 수 있게 되었고, 경상도뿐만 아니라 전라도, 충청도, 경기도까지 동학을 믿는 사람들이 늘어났다는 거야. 그래서 1863년에는 교인 3,000명, 접은 13개까지 늘어났대.

딸 그러니까 신도들이 늘어나는 걸 관리하기 위해서 접주제를 만들었다는 거잖아?

아빠 맞아. 아주 똑똑해. 아빠가 설명할 맛이 난다. 하하.

딸 그런데 이렇게 동학이 계속 잘 나가는데, 높은 사람들은 싫어한다고 하지 않았어?

아빠 맞아. 일단 지난번에는 어찌어찌해서 풀어줬는데 더 신도가 늘어나니까 정부에서도 위기감을 느낀 거야. 그래서 1863년 말에 서울에서 직접 관군을 경주로 보내서 최제우와 제자 20명을 잡았어. 그래서 서울로 데려오고 있었는데, 갑자기 그 사이에 왕이었던 철종이 죽은 거야. 이러니 나라에서 정신없잖아?

딸 응 정신없지. 철종의 장례식도 치러야 하고 그렇지 않아?

아빠 그래서 1864년 1월에 최제우 등을 대구감영으로 보냈고, 3월 10일에 대구 장대(달성공원)에서 목을 베어 죽이는 참형에 처했어.

딸 근데 장대는 뭐야?

아빠 장대(將臺)는 장수 '장', 높이 쌓은 곳 '대'야. 훈련할 때 장수가 높은 곳에서 봐야 군사들이 잘 훈련받고 있는지 잘 보일 거 아냐? 그래서 장수가 높이 올라가서 군사를 지휘하는 곳이야. 이렇게 높은 곳이니까 사람들에게도 잘 보이겠지? 그래서 사람들 다 보라고 최제우의 목을 자른 거야. 아까 참형(斬刑)이라고 했는데, 벨 '참', 형벌 '형'이야. 보통 참형에 처한다고 하는 건 목을 베는 거야. 이 정도는 해야 무서워서 동학을 안 믿지.

딸 와~ 진짜 잔인하다. 아빠 그런데 사극 같은 거 보면 대역죄인은 가족들도 죽이거나 하잖아? 가족은 어떻게 되었어?

아빠 다행히 국가 반역이라고까지는 생각하지 않았나 봐. 그래서 부인 박씨하고 큰아들 최세정은 풀려났어. 그리고 최제우의 시신을 그가 살고 있던 용담이라는 곳으로 가져갔어. 이때 10명 정도 되는 제자들이 따라왔대.

딸 그래도 제자들도 용감하네. 스승이 그렇게 죽으면 무서워서 안 나타날 것 같은데…

아빠 그러게 그만큼 스승을 존경했나 봐. 그때 장례를 치렀는데, 이거에 대해 또 다른 말도 있어. 원래는 최제우가 처형당한 다음에 신도들이 그 시체를 경주의 구미산 기슭에 묻었대. 그러다가 나중에 여기를 성스러운 곳으로 조성하면서 최제우 유허비 등을 만들었고, 최제우 묘도 만들었다고도 해.

딸 뭐야~ 정확한 거 알려줘야지.

아빠 그러게 말이야. 안타깝게도 정확한 기록이 없어서 이 부분은 이런저런 말을 듣다 보니 그렇게 되었어. 미안해. 그러니까 기록으로 남기는 게 매우 중요하지 않겠어? 그래서 아빠가 일기를 쓰라고…

딸 또 잔소리.

아빠 알겠어. 그만할게.

그림 7 | 최제우 생가 앞의 유허비

딸 아빠 그런데 저 비석은 뭐야?

아빠 일단 저기 비석에는 '천도교조대신사수운최제우유허비(天道教祖大神師水雲崔濟愚遺墟碑)'라고 쓰여 있어.

딸 아빠 그게 무슨 말이야?

아빠　일단 동학은 나중에 천도교로 바뀌거든? 이름은 바뀌었어도 그 창시자는 그대로 최제우지?

딸　그렇지?

아빠　그래서 천도교의 '개조(開祖)' 즉, 처음으로 종교를 창시했다는 의미의 '조(祖)'를 쓰고 '대신사(大神師)'는 큰 신적인 스승이라는 뜻이야.

딸　아 그럼 천도교를 처음으로 창시한 조상인 대신사 최제우라는 거야?

아빠　오~ 똑똑한데?

딸　그런데 그 뒤는 뭐야 수은? 그건? 바로 이름을 쓰면 되잖아.

아빠　아 그게 조선시대 사람들은 본명을 부르는 걸 좀 피해. 그래서 남들이 쉽게 부르는 걸 '호(號)'라고 하는데 그 호가 바로 '수운(水雲)'인 거야. 그리고 그 뒤에 바로 본명인 최제우를 쓴 거고.

딸　아~ 무슨 말인지 알았어. 그런데 유허비는 뭐야?

아빠　유허비는 옛날 사람들의 흔적이 남아 있는 곳에 그들을 기념하기 위해서 세운 비석을 말하는 거야.

딸　여기에 살았으니까 세운거구나? 그런데 꼭 세울 필요가 있는 거야? 그리고 못살았다면서 왜 다 한옥이야? 잘 산거 같은데?

아빠　일단 꼭 세울 필요는 없지. 하지만 이런 거라도 세우지 않는다면 사람들이 다 잊을 테니 기념하기 위해서 세우는 거야. 그리고 집이 한옥인 건. 원래는 초가였겠지. 그런데 최제우가 잡혀가서 사망하면서 한마디로 역적이 되었을 거 아냐?

딸　그렇지?

아빠 옛날에는 역적이 되면 그 집을 다 부수고 땅을 파서 웅덩이로 만들었어. 그러다가 동학이 다시 인정받으면서 최제우의 집터를 다시 찾고, 유허비를 세우고, 집을 새로 복원한 거야. 그런데 이왕 하는 거 새로운 것으로 하고 싶어서 한옥으로 한 게 아닌가 싶어.

딸 놀랐잖아. 그냥 초가집으로 하지...

아빠 이건 아빠가 한 게 아니라 추정만 한 거니까 아빠한테 따지지 말고... 물론 뒤에 생가가 기와집이었다고 증언한 할머니가 계시기도 했어. 그런데 아빠 생각에는 약간 과장된 표현이 아니었을까 라는 생각을 해서 이 이야기는 안 한 거야.

딸 아빠. 그럼 최제우가 죽었으니까 동학은 끝난 거야?

아빠 아니. 그렇지 않아. 최제우가 죽었지만, 그의 사상은 계속 다른 사람들에게 전해졌어. 특히, 최제우가 잡히기 전에 최시형이라는 사람에게 교주를 물려주었지. 그리고 최제우가 갑자기 처형당하자 남은 신도들이 그의 글을 모아서 책을 만들었어. 그 책이 유명한 『동경대전(東經大全)』과 『용담유사(龍潭遺詞)』야. 이런 책들이 남겨지니까 그의 사상은 계속 이어질 수 있었던 거지. 자 이제 동학이란 게 대충 어떤 거고, 누가 만들었는지 등을 알 수 있겠지?

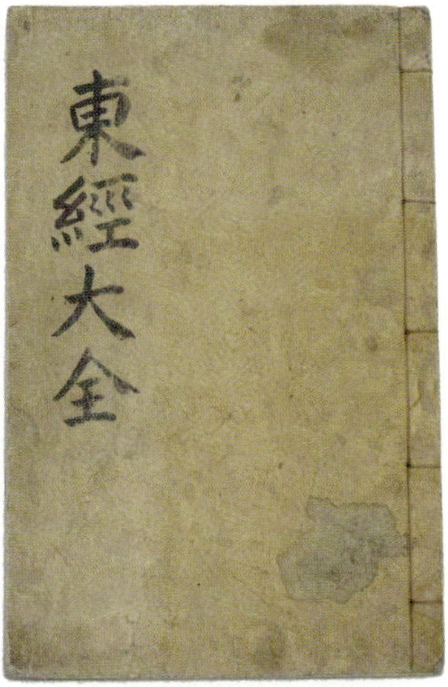

그림 8 | 『동경대전(東經大全)』
: 한문으로 된 최제우의 저술을 모아서 낸 책
(동학농민혁명기념재단 소장)

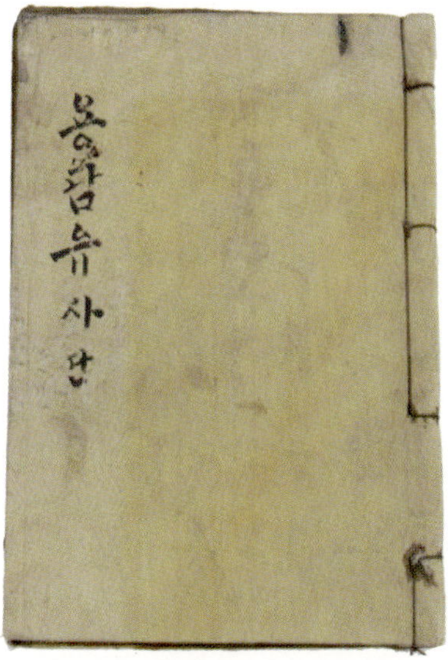

그림 9 | 『용담유사(龍潭遺詞)』
: 최제우가 누구나 이해할 수 있도록 한글로 쓰고 가사의 형식으로 표현한 책이다.
(동학농민혁명기념재단 소장)

딸 응. 그러니까 경주사람 최제우가 조선 후기에 세상이 혼란하니까 동학이라는 걸 만든 거잖아? 동학의 핵심사상은 사람이 곧 하늘인 '인내천'인 거고. 이게 사람이 평등하다는 뜻이잖아. 그러니까 사람들이 이걸 좋아해서 막 퍼져 나간 거고.

아빠 대박~ 우리 딸 정리 잘하는데?

딸 그래서 정부에서 신경 쓰이니까 최제우를 혹세무민의 죄로 죽인 거고. 그전에 최시형이라는 제자에게 교주를 물려준 거고. 원래 최제우의 집은 다 없어졌는데 나중에 동학이 인정받으니까 생가도 복원한 거고 말이야. 그러니 경주가 동학의 발상지로 중요한 의미가 있다는 거잖아.

아빠　완벽하네. 아빠가 여기까지 와서 설명한 보람이 있네.

딸　이제 잘 알 수 있을 것 같아. 아빠 땡큐~

2장

—

동학의 전파를 위해 힘쓴 2대 교주 최시형

2장

동학의 전파를 위해 힘쓴 2대 교주 최시형

아빠 저번에 최제우가 처형당하고, 누가 교주를 계승했다고 했지?

딸 최시형.

아빠 맞아. 이제 최시형에 대해서 이야기하려고 해.

딸 그 사람도 중요해?

아빠 물론 중요하지. 아빠가 설명해 줄게. 최시형은 1827년에 태어났다고 해.

딸 어! 아까 최제우하고 몇 살 차이 안 나네?

아빠 3살 정도 차이 날 거야.

딸 그럼 형이네?

아빠 뭐 나이로는 그럴 수도 있지. 그런데 그랬는지는 모르겠어. 완전 선생님, 아니면 스승님 대우를 했을 거야. 어쨌든 최시형은 경주에서 태어났는데, 어렸을 때 부모님이 다 돌아가셨대.

딸 최제우도 일찍 돌아가셨다는데, 최시형도 그러네.

아빠 당시 사회가 어지럽고 전염병도 있고, 일반 사람들은 먹고살기도 힘드니까 영양상태도 좋지 않아. 게다가 의료 상황도 지금과 달리 좋지 않고. 그래서 정확히는 모르지만 1900년 즈음의 평균수명이 35세였대.

딸　왜 그리 짧아?

아빠　아마 애기 때도 많이 죽고 하니까 더 그런 거 같아.

딸　슬프다. 그러면 최시형도 진짜 힘들었겠다.

아빠　그렇지. 일찍 부모님이 돌아가시니 최시형도 살기가 힘들었을 거 아냐? 그래서 종이 만드는 곳에서도 일하고, 농사도 짓고 하면서 살다가 경주 승광면 마복동이란 곳에서 정착해서 농사를 지었어. 뭐 이렇게까지 자세히 알 필요는 없어. 그냥 경주 어딘가에서 태어났다. 정도만 알면 돼.

딸　알겠어. 경주에서 태어나서 자랐다.

아빠　그런데 사람이 되게 성실하고 착했나 봐. 여기에서 마을 사람들이 마을의 대표인 집강(執綱)으로 추천했고, 6년 동안 성실하게 그 일을 한 거야. 그러다 다시 자신의 땅에서 농사를 짓기 위해 다른 곳으로 이주했어. 그런데 아까 최제우가 언제 동학을 창시했다고 했지?

딸　몰라. 연도 어려워.

아빠　맞추라는 건 아니고, 1861년이야. 이때 최제우가 새로운 종교를 만들고 포덕문(布德門)이라고 덕을 널리 알리는 문서를 만들어서 여기저기에 돌리면서 동학이라고 이름 지었어.

딸　암튼 1861년에 만들었다는 거네.

아빠　그럼 최제우가 어디에서 동학을 창시했다고 했지?

딸　경주.

아빠　그래. 경주잖아. 그럼 최시형이 사는 곳과 가깝겠지? 이때 경주 일대에서 동학 주문을 외우는 소리가 엄청났다고 소문이 돌았어. 그러니 최시형도 이 소문을 들었고, 동학에 관심을 가졌을 거 아냐? 그래서 자연스럽게 최시형은 최제우가 동학을 만든 초창기부터 배우고, 또 직접 가서 가르침을 받고 열심히 수련했을 거야.

딸 동학도 수련을 해야 해?

아빠 당연하지. 교회나 성당 다니는 친구들도 성경책을 열심히 공부하고, 예수님의 가르침을 지키고 살려고 노력하잖아. 절에 다니는 친구도 마찬가지로 부처님을 믿고, 하라는 대로 하려고 하고…

딸 그럼 최제우가 예뻐했겠다. 자기 말 잘 듣고 열심히 따라 하니까.

아빠 아~ 그래서 그런가? 진짜로 1863년부터는 최제우가 동학을 널리 알리라고 포교 명령을 내려. 그래서 근처의 영덕 등 경상도 각 지역을 돌아다니면서 신도들을 모았어. 결국 그해 8월에 최제우가 '수심정기(守心正氣)'라는 4자를 써주면서 도통(道統)을 승계했어.

딸 아빠 무슨 말이야? 뭐가 이렇게 어려워?

아빠 수심정기가 무슨 말이냐면 수는 지킬 '수' 자야. 심은 마음 '심', 정은 바를 '정', 기는 기 '기'야. 합치면?

딸 마음을 지키고 기를 바르게 한다?

아빠 오~ 많이 늘었네~ 맞아 쉽게 이으면 그런 뜻이고, 조금 어렵게 하면 '항상 하느님의 마음을 잃지 않고 도의 기운을 기른다. 혹은 도의 기운을 바르게 한다.'라는 뜻이야. 그러니까 '하느님의 마음을 잘 지키고 착한 마음을 기른다.' 정도로 이해하면 돼.

딸 그리고 뭘 받는다는 건 뭐야?

아빠　도통을 승계받는다는 건 그 이론을 전수받았다는 거야. 수제자라고 할 수 있지.

딸　그럼 수제자는 뭐 하는 거야?

아빠　일단 동학에 대해서 잘 알고, 많은 사람에게 포교하는 거지. 최제우가 최시형을 딱 믿고 '나는 남쪽 지역을 포교할 테니 너는 북쪽 지역을 포교해라.'라고 했대. 그래서 최시형은 경주 북쪽의 포교를 열심히 했대. 그러면서 사람들이 최시형을 '주인', 최제우를 '대주인'으로 불렀다고 하는데, 이게 공식적인 명칭이었어.

딸　근데 아까 최제우가 처형당했다고 하지 않았어?

아빠　맞아. 바로 최제우로부터 후임자로 인정받은 해(1863년) 12월에 최제우가 체포된 거야. 처음에는 최시형이 대구에 가서 옥바라지했대.

딸　아빠 최시형이 최제우의 수제자라고 했잖아?

아빠　응. 수제자 맞지.

딸　그런데 왜 최제우랑 다른 사람들은 잡혀갈 때 최시형은 안 잡혀갔어?

아빠　당시에 최시형은 최제우가 사는 곳에서 25리 그러니까 지금으로 한 10km 정도 떨어진 곳에 살고 있었대. 그리고 최제우가 잡혀갈 때 마침 다른 지역에 있었다는 거야. 그래서 안 잡혀갔다고 해.

딸　아빠 그런데 최제우랑은 경주에서 활동했는데 왜 대구로 잡혀가? 그리고 옥바라지는 뭐야?

아빠　아주 좋은 질문이야. 일단, 감옥에 가면 매우 불편하거든 먹는 것, 자는 것도 불편하고, 그래서 먹을 것도 넣어주고, 최대한 불편한 게 없도록 도움을 주는 걸 옥바라지라고 해. 그리고 우리 전라북도의 도청은 어디에 있지?

딸 전주.

아빠 조선시대에는 지금의 전라북도, 전라남도, 광주광역시, 제주도가 모두 전라도였어. 그래서 그곳을 다스리는 사람을 관찰사 혹은 감사라고 하는데, 감사가 근무하는 곳을 감영이라고 했지. 우리 딸도 가봤잖아? 전주 한옥마을 근처에 있는 거.

그림 10 | 전라감영 선화당(전주시 완산구 중앙동): 선화당은 감사의 집무실이다. 선화당은 조선시대 각 도에 설치되었던 감영의 중심 건물로 임금의 교화를 받들어 백성들에게 덕화를 펼친다는 뜻이다. 2020년에 복원되었다. 후일 전주화약 후 대도소가 설치된 곳이기도 하다.

딸 응. 저번에 전라감영에 가서 문화재 체험도 하고, 미디어 파사드 공연도 보고 했잖아.

아빠 맞아. 마찬가지로 조선시대에는 지금의 경상북도, 경상남도, 대구광역시, 부산광역시, 울산광역시를 합쳐서 경상도라고 했어. 바로 그 경상도의 감영이 대구에 있었던 거야.

딸　아~ 그래서 최제우가 대구로 갔구나. 이해했어~~

아빠　그런데 세상에 비밀이 없잖아. '최제우의 수제자인 최시형이 대구에 있습니다.' 이런 정보가 언제 유출될지 모르고, 최시형까지 잡히면 동학이 계승되기 힘들겠지?

딸　응. 완전히 폭망 하겠는데?

아빠　그래서 최시형은 경상북도의 영양이라는 곳으로 도망을 가서 밥을 빌어먹으며 살았대. 그리고 또 불안하니까 태백산으로 도망갔어.

딸　태백산은 어디야?

아빠　응. 지도로 찾아볼까?

딸　못 찾겠어.

아빠　경상북도하고, 강원도 경계에서 찾아봐 봐.

딸　음.... 찾았어.

아빠　가까이 어느 시군이 있어?

딸　강원도 태백시하고 경상북도 봉화군이 있어.

아빠　옳지. 그리고 영양 하고도 가깝잖아. 자 이제 안 잊어버리겠네?

딸　응, 완전히 잘 알게 되었어.

아빠　다시 이야기로 돌아와서 최시형이 태백산으로 도망간 뒤에 경상북도, 강원도, 충청북도 등으로 도망 다니면서 도를 수련하고, 나중에 스승인 최제우가 쓴 책인 『동경대전』과 『용담유사』를 간행했어.

딸　간행이 뭔데?

아빠　책을 찍어 내는 거야. 이렇게 하면서 하마터면 사라질 뻔한 동학의 기틀을 다시 만들게 되었지. 그러면서 다시 동학을 믿는 사람들이 많이 늘어난 거야.

딸　아~ 그럼 최시형이 없었으면 동학이 사라질 수도 있었겠네?

아빠　그렇다고 할 수 있지. 최제우가 죽은 지 1년쯤 지나니 이제 좀 세상이 조용해졌다 싶었나 봐. 그래서 최시형은 교도들을 모아서 조직을 다시 만들려고 했어. 일단 스승의 탄신제, 그러니까 태어난 날을 기념하는 거야. 탄신제를 올리고 이런 힘을 바탕으로 신도들에게 동학이 어떻게 나아가야 할지 무슨 내용인지 등을 이야기했대. 그리고 1866년에는 최제우가 돌아가신 지 2년째 되는 날 제사도 지냈대. 심지어 최제우의 아내와 아들들도 모시고 같이 살았대.

① 인시천(人是天)이다. 사람은 평등하여 차별이 없으니 사람이 인위적으로 귀천을 나눔은 한울님 뜻에 어긋나는 것이다.

② 우리 도인들은 절대로 귀천의 차별을 철폐토록 해야 한다.

③ 스승님의 본뜻은 어디까지나 "사람이 하느님(한울)이라"는 데에 있으니 제자들은 이를 철저히 지켜야 한다.

– 표영삼, 『동학 1(수운의 삶과 생각)』, 통나무, 2004

딸　의리 있네.

아빠　의리 있다는 표현도 좋지만 이런 건 리더십이 좋다고 표현하는 게 좋을 거 같아.

딸　아빠 그런데 가족은 없었어? 왜 가족 이야기는 안 해?

아빠　아 별로 안 중요한 거 같아서 안 했는데, 그럼 간단하게 할게~ 원래는 손 씨라는 여자랑 결혼했었는데 지금까지 이야기를 들으니까 어때? 결혼생활이 잘 이루어졌겠지?

딸 아니 맨날 남편이 도망 다니고 어디 있는지도 모르는데 결혼 생활이 잘 될까?

아빠 그러게. 그래서인지 손씨 부인의 행방도 알 수 없고, 실제 찾으러 다닐 수도 없고 해서 새장가를 들어. 이번에는 김씨 부인이야.

딸 두 번이나 결혼을 한 거야?

아빠 응 그런데 뒤에 좀 더 당황스러운 일이 생겨.

딸 뭔데?

아빠 사실 최시형이 동학을 다시 만들면서 유명해졌을 거 아냐?

딸 그렇겠지. 저렇게 많은 일을 하니까.

아빠 그래서 행방을 알 수 없던 첫 번째 부인인 손씨가 수소문 끝에 최시형을 찾아와.

딸 대박. 그럼 어떻게 해?

아빠 뭘 어떻게 해? 방법이 없잖아. 결국 둘이랑 같이 살지.

딸 그게 가능해?

아빠 요즘은 안 되지만, 그때는 그게 가능했어. 사실 최시형은 제자들에게 첩을 들이지 말라고 했었는데, 본인도 참 민망했을 거야.

딸 완전 내로남불이네. 그래도 가족들한테 잘해줬겠지?

아빠 음… 최시형은 동학의 세력 확장을 위해서 여기저기 많이 다녔대. 여러 동네를 다니면서 알려야 할 거 아냐? 그래서 별명이 '최보따리'였다고 해.

딸 보따리가 뭐야?

아빠 지금은 어디 가면 가방이나 캐리어 가지고 다니잖아? 그런데 예전에는 가방이 없었어. 그래서 보자기로 물건을 싸서 다녔어. 그걸 보따리라고 해.

딸 아빠. 그럼 '물에 빠진 놈 건져 놓으니 보따리 내놓으라 한다.'라는 속담에서 나오는 거랑 같은 거야?

아빠 빙고. 바로 그거야. 그럼 최시형의 별명이 뭐라고?

딸 최보따리.

아빠 응. 그 별명처럼 여기저기를 다니면서 사람들에게 동학을 믿으라고 한 거야.

딸 그러면 결혼한 부인들이 불쌍하다.

아빠 요즘의 관점에서 보면 그렇네... 아빠가 그런 부분까지 말하기는 좀 그렇다. 하하. 어쨌든 가정에는 소홀했을지 몰라도 포교는 열심히 하고, 동학의 위상을 다시 만드는 데는 정말 능력자였어.

딸 또 뭐 해?

아빠 응 이렇게 일하다 보니까 유명해질 거잖아. 그러니까 여러 사람이 제자로 받아달라고 해. 특히, 나중에 최시형의 뒤를 이어 동학의 지도자가 되는 손병희(孫秉熙)도 1883년에 최시형을 찾아와.

딸 손병희? 어디서 들어봤는데?

아빠 많이 들어 봤을 텐데?

딸 몰라 그냥 알려줘~

아빠 손병희가 나중에 최시형의 뒤를 이어서 3대 교주가 되었어. 그리고 동학농민혁명에 대한 탄압이 심해지니까 동학을 천도교로 이름을 바꿨고, 교육과 출판사업 등을 했어. 그러다 3·1 운동 때 민족대표 33인 중 한 명으로 참여했던 사람이야. 그러니까 네가 한 번 들어 봤을 거야.

딸 아 맞다. 민족대표 33인이었구나. 엄청 유명한 사람이네?

아빠 또 중요한 게 있어. 나중의 일이기는 한데 손병희의 사위가 그 유명한 소파 방정환이야.

딸 어린이날 만든 사람? 와~ 대박. 나 소름 돋았어.

아빠 맞아 어린이날을 만드신 분. 이게 소름 돋을 일이야?

딸 우리한테는 중요한 사람이잖아.

아빠 어린이라는 단어 자체를 방정환 선생님이 만들었대. 그 전만 해도 그런 말이 없었거든. 방정환 선생은 아이들도 하나의 인격체로 대우를 받아야 하고, 장차 우리나라를 이끌어 가야 한다고 순우리말인 어린이라는 용어를 사용해야 한다고 주장한 거야. 그래서 어린이들을 위한 날도 만들어야 한다고 이야기했어.

딸 그래서 바로 만들어진 거야?

아빠 일단은 1922년에 5월 1일을 어린이날로 정했어. 그런데 일제가 억압해서 1939년에 중단되었다가 1945년에 해방되면서 1946년부터 5월 5일을 어린이날로 정하고, 공휴일로 만들었어.

딸 방정환 선생님 좋았겠다. 자기가 만든 날이 이렇게 인정받았으니까.

아빠 안타깝게 방정환 선생은 33살인 1931년에 돌아가셨어. 그래도 없어지지 않고, 심지어 공휴일까지 된 거는 진짜 대단하지.

딸 진짜 대단한 거 같아.

아빠 동학을 계승한 천도교를 중심으로 이런 활동을 했기 때문에 참 중요하다고 할 수 있지. 어쨌든 다시 손병희로 돌아오면 1883년쯤에 최시형에게 찾아가서 제자가 된 거야.

딸　　그런데 최시형이 이렇게 유명해지면 또 잡히는 거 아냐?

그림 11 | 미륵사지와 사자암(전북 익산시 금마면 기양리) :
하얀색으로 표시한 부분이 사자암으로 미륵산 중턱에 위치한다.

아빠　　오~ 눈치가 빨라졌는데? 맞아 또다시 그를 체포하려는 시도가 있었나 봐. 그러니까 최시형이 이번에는 익산에 사자암이라는 곳으로 도망가서 4개월 정도 숨어 있었어. 사자암은 미륵사지 바로 뒤에 있는 미륵산 중턱에 있는 절이야. 우리 가봤잖아?

딸　　맞아. 미륵사지 가면서 미륵산도 등산했고, 아빠가 거기에 대해서 설명해 줬었어.

아빠　　뭐 미륵산 등산한 게 중요한 건 아니고, 아무튼 사자암이 익산이라고 했지? 원래 최시형은 경주에서 태어나서 경상도 북부지역과 강원도 남부지역, 충청도에서 활동했잖아? 이때부터 전라도에서도 활동한 거야.

딸　　오~ 세력을 넓혔네?

아빠　　응. 그러다가 어느 교도가 경상도 상주에 있는 마을로 옮기는 게 어떠냐고 해서 거기에도 가서 살았어.

딸　　맨날 옮겨서 사네?

아빠 이게 끝이 아니야. 그러다가 1885년에는 충청북도 보은군 장내리 일대로 근거지를 옮겼다고 그래. 그래도 여기에서는 꽤 오래 살아서 동학의 본거지가 되었다고 해. 여기서 최시형은 60세에 회갑을 맞이하기도 하고, 둘째 부인인 김씨를 먼저 하늘나라로 떠나보내기도 했어.

딸 그래도 그때 당시에 60살이 넘었으면 오래 사셨네? 그래서 사진 보면 완전 할아버지구나?

아빠 그렇지. 옛날에는 60살만 넘으면 진짜 오래 산거라고 생각해서 큰 잔치를 벌여줬거든. 그리고 그 뒤에 1890년쯤에는 충남 공주에 잠깐 살았대. 그때 전라도 지역에서 유명한 김개남과 손화중 등이 찾아와서 처음으로 만났다고 해.

딸 김개남하고 손화중은 누군데? 유명해?

아빠 지금 이야기하면 길고, 나중에 나올 때 이야기 해 줄게. 전봉준 장군에게 가려져서 그렇지 이 두 사람도 엄청 유명한 사람이야.

딸 그래? 그럼 그때 이야기 해줘.

아빠 그래 그 사람들이 나와야 할 때에 이야기할게.

딸 근데 왜 그런 유명한 사람들이 공주까지 와?

아빠 아무래도 최시형이 최제우 이후에 동학에서 가장 높은 사람이다 보니까 그 사람이 정통성을 가지고 있잖아? 그래서 최시형한테 전라도에도 그 가르침을 달라고 요청한 거 같아.

딸 아~ 유명한 연예인이 오면 팬클럽이 모이는 거 같은 건가?

아빠 일종의 그런 식이라고 할 수 있지. 최시형은 다음 해인 5월부터 7월까지 제자들을 이끌고 일단 부안에 왔어. 이때 수 백 명의 교도들이 모였대. 그리고 정읍 등을 들렀다가 다시 돌아갔지. 아마도 전라도 지역의 동학 조직을 정비하고, 중요한 인물들을 간부로 임명하는 것이었을 거야. 이걸 보면 전라도에서 동학을 믿는 사람들이 많이 늘었다는 것을 알 수 있지.

딸 아~ 그렇구나.

아빠 이때 최시형은 김제의 원평에 김덕명, 정읍의 김개남 등도 만나면서 세력을 확장했대.

딸 아빠 그런데 세력만 계속 키워?

아빠 좋은 질문이야. 세력이 커지면 어때? 자신감이 생기겠지? 봐라 우리 이상한 종교 아니다. 이런 거 말이야. 그래서 어느 정도 동학의 세력이 커지니까 최시형을 비롯한 동학교도들이 동학의 창시자인 최제우의 억울함을 풀어주자고 주장해. 그걸 교조신원운동(教祖伸冤運動)이라고 해.

딸 뭐라고?

아빠 어렵지? 그건 좀 이따 자세히 설명해 줄게. 암튼 최시형은 이렇게 사람들을 믿게 하고 다니는데 이걸 포교한다고 그래. 포교는 그 종교를 널리 알리고 믿게 하는 거야. 심지어 최시형은 동학농민혁명이 끝나고 도망 다니면서 계속 포교를 열심히 했어. 그리고 1897년에 손병희에게 도통을 전수해 줬어. 그러다 1898년 3월에 강원도 원주에서 체포되어 서울로 끌려갔고, 6월에 교수형을 당했어.

딸 교수형이 뭐야?

아빠 안중근 의사가 어떻게 돌아가셨는지 봤지? 목에 밧줄을 매고 의자를 떨어뜨려서…

딸　봤어. 그거구나. 잔인하니까 더 말하지 마.

아빠　알겠어. 이처럼 최시형은 그의 별명이 말해주듯이 끈기와 성실함을 가지고 동학을 사람들에게 소개하고 믿게 포교했어. 특히, 스스로 사람들을 차별 대우하지 않고, 애나 어른, 여자들을 모두 동등하게 대해줬다고 해. 그래서 동학에서는 신분을 가리지 않고 서로의 호칭을 접장으로 통일해서 부르게 했어.

딸　맞아. 「녹두꽃」에서 서로를 부를 때, 누구 접장 이랬어.

아빠　그래. 그게 서로를 존중하는 호칭인 거야. 그런 모습에 사람이 감동해서 동학에 가입했다는 거야. 옛날에는 신분제가 엄격해서 여자와 남자, 양반과 천민, 같은 상민 사이에서도 직업이나 지위고하에 따라서 차별적으로 대했거든. 거기다가 '장유유서(長幼有序)'라고 어른과 아이에게는 차이가 있다. 즉, 나이 많은 사람을 무조건 모셔야 한다 그런 게 있어서 나이가 어린 사람에게 약간 함부로 대하는 것도 있었어. 그러니까 최시형은 동학이 세력을 키우는 데 큰 노력을 기울인 사람인 점을 인정해줘야 해.

딸　그럼 최시형은 최제우의 뒤를 이어 교주가 돼서 여기저기 다니면서 동학을 훨씬 많은 사람들이 믿게 한 거구나? 그리고 최제우가 만든 책 같은 것도 찍어내고, 조직까지 만들어서 동학이 발전하도록 만들었다는 데 의미가 있는 거지?

아빠　와~ 우리 딸이 이 정도였어? 맞아 아빠가 말한 거 요약하면 이런 내용이야. 어쩜 어렵지 않은 용어로 쉽게 설명해? 아빠보다 잘 하네.

딸　아빠 딴 소리 하지 말고 다른 거나 알려줘~

그림 12 | 순교 직전의 최시형 사진
머리 뒤편에 '동학 괴수 최시형'이라고 쓰여 있다.(동학농민혁명기념관 직접 촬영)

3장

—

우리 최제우님의 억울함을 풀어주세요.
(교조신원운동)

3장

우리 최제우님의 억울함을 풀어주세요.
(교조신원운동)

아빠　자~ 이번에는 교조신원운동에 대해서 이야기하고, 관련 유적지인 삼례에 갈 거야.

딸　아빠 교조신원운동이 뭐야?

아빠　교조(教祖)는 종교의 조상님, 그러니까 여기서 종교는 뭐겠어?

딸　동학?

아빠　그렇지. 그럼 동학의 조상님은?

딸　최제우!!

아빠　옳지, '신(伸)'은 풀어준다는 뜻이고, '원(冤)'은 원통하다는 거야. 그렇다면 신원은 뭘까?

딸　억울함을 풀어준다?

아빠　그렇지. 그럼 이걸 합쳐 볼까?

딸　동학의 조상님인 최제우의 억울함을 풀어주는 운동?

아빠　오~ 우리 딸 똑똑한데? 동학 교도들은 동학의 창시자인 최제우가 억울하게 죽었다고 생각했어. 그런데 단순히 억울하게 죽은 걸로 끝나는 게 아니야.

딸　그럼 뭔데?

아빠　조선에서 최제우를 왜 죽였다고 했는지 기억나?

딸 사람들을 속인다고?

아빠 응. 그걸 한국사 교과서 말로 혹세무민(惑世誣民)이라고 하지. 그렇다면 최제우가 혹세무민한 상태로 있으면, 동학은 여전히 어떤 종교야?

딸 나라에서 허락받지 못한 종교?

아빠 맞아. 그걸 이단(異端)이라고 해. 당시의 사람들이 믿는 것에서 벗어난다는 말이지. 그렇기 때문에 관리들이랑 토호(土豪)라고 불리는 지역에서 세력 있는 사람들이 동학교도들을 함부로 죽이거나 두들겨 패고, 학대하거나 재산을 빼앗는 등 막 괴롭혔단 말이야.

딸 헐~ 자기하고 안 맞는다고 괴롭혀?

아빠 응. 그럼 우리 딸 같으면 참고 견딜 거지?

딸 아니! 잘못되었다고 해야지.

아빠 그래. 그래서 동학교도들이 모여서 자신들의 힘을 보여주자고 한 거야. 그래서 1892년 10월에 충청도 공주에서 첫 번째 집회가 열렸어.

딸 왜 공주야?

아빠 아빠가 전에 이야기했듯이 지금으로 말하면 당시 충청도의 도청 소재지가 공주였어. 거기에는 충청도를 관할하는 관찰사가 있으니까 거기에 말할 만하니까 모인 거야.

딸 아~ 맞아. 지나가다가 도청이나 시청 앞에 사람들이 모여서 집회하는 거 봤는데 그런 의미인가 보네?

아빠 그렇다고 할 수 있지. 어쨌든 1,000명 정도의 동학교도들이 모여서 당시 충청감사였던 조병식(趙秉式)에게 '지방관들이 동학교도를 학대하는 것을 막아주고 임금님께 최제우의 신원을 풀어 달라'고 요구했어.

딸　그게 가능해? 단지 충청감사일뿐이잖아.

아빠　맞아. 이게 국가에서 한 일인데 감사가 할 수 없는 일이지. 그러니까 조병식은 이런 건 감영이 아니라 조정에 이야기 하라고했어.

그림 13 | 충청감영 정문터(공주시 봉황동): 조선후기 충청감영은 공주에 있었다. 현재는 공주사대부고가 그 위치에 있고, 2018년 감영의 정문에 충청감영 정문인 포정사를 복원하였다. 뒤에 보이는 산은 봉황산이다.

딸　그럼 아무 소용없었던 거네?

아빠　그래도 자기가 할 수 있는 일은 해. 일단 충청도 관할 지역에 공문을 보내서 '동학을 금지하는 과정에서 일어나는 학대를 중지하라'고 한 거야.

딸　오~ 그래도 큰 성과인데?

아빠　그렇지. 물론 지역마다 모두 이게 이루어지지는 못했지만, 그래도 동학교도 입장에서는 저런 말이 나왔다는 것만으로도 큰 성과를 거둔 거야.

딸 그러겠네. 엄청 신났겠다.

아빠 일단 이게 어느 도에서 일어났다고 했지?

딸 충청도!!

아빠 자 그러니까 동학교단은 이걸 더 확장시키고 싶은 거야. 그래서 전라감영에도 이런 요구를 하자고 결정하지. 그래서 11월 1일에 삼례역에서 모이자고 한 거야.

딸 아빠 그런데 왜 삼례야? 아까 공주처럼 전주에서 모여야 하는 거 아닌가?

아빠 아주 좋은 질문이야. 지금도 삼례에 고속도로가 지나가지? 조선시대에도 삼례는 중요한 교통로였어. 그리고 조선에서는 각 교통로를 관리하는 역참이라는 것을 두었어. 옛날에는 핸드폰이나 인터넷이 없으니까 사람들이 말을 타고 소식을 전해야 하잖아? 그런데 말을 온종일 타면 어떻게 될까?

딸 말이 지치겠지?

아빠 맞아. 그래서 역참에서 말을 바꿔 타게 하고, 밤에 잠도 잘 수 있고, 밥도 먹을 수 있게 한 거야. 그런데 관리들만 길을 다닌 건 아닐 거 아냐? 일반 백성들도 말을 타던지 걷던지 해서 다녔어. 누구나 다니면 그게 길이 되는 거니까. 그럼 그 길은 거의 비슷하겠지?

딸 응. 그러겠네.

아빠 그리고 역참이 있으면 거기에 관리도 있고, 일하는 사람과 병사들도 있고, 그래서 다른 지역에 비해 더 안전하니까 사람도 많이 모이겠지? 그러면 자연스럽게 먹고 자고 할 수 있는 주막이나 여관 같은 것도 생기면서 더 커지는 거야. 삼례역은 그러한 역참 중에서도 큰 곳으로 여러 역을 관리하던 곳이야. 이 말은 무슨 뜻일까?

딸 음... 사람들이 모이기 좋은 곳?

아빠 그렇지~~ 조금 전에 동학교도들이 왜 모인다고 했지? 우리의 힘을 보여서 교조 최제우의 억울함을 풀어주고, 하나의 종교로 인정받자는 거였잖아? 그러니까 최대한 많은 사람이 모이기 좋은 곳이 삼례역이었던 거지.

딸 아~~ 그렇구나.

그림 14 | 삼례 동부교회(완주군 삼례읍 삼례리):
삼례역이 있던 곳에 교회가 들어서 있다.

아빠 진짜로 수천 명이 삼례역에 모였다고 그래. 오늘 가는 곳이 예전에 삼례역이 있던 곳이야. 전에 왔었는데 기억 안 나지?

딸 응. 안나.

아빠 몰라도 당당하네. 여기에 많은 사람들이 모여서 자신들이 원하는 바를 요구했어.

딸 누구한테?

아빠 삼례는 어느 도에 속해있지?

딸 전라도.

아빠 그럼 전라도에서 제일 높은 사람은 누구야?

딸 도지사.

아빠 그렇지. 바로 당시에는 도지사를 관찰사 혹은 감사라고 불렀어. 즉, 이 집회에서 동학 교도들은 전라 감사 이경직(李耕稙)에게 자신들이 원하는 바를 요구한 거야.

딸 그게 뭔데?

아빠 충청도에서 했던 것과 비슷해. 먼저, 동학을 공인(公認)할 것.

딸 공인이 뭔데?

아빠 공인은 공적으로 인정하는 거야. 동학을 믿어도 국가에서 잡아가거나 괴롭히지 않겠다고 인정하는 거지.

딸 다음은?

아빠 두 번째로, 동학교도들에 대한 지방관과 토호들의 괴롭힘을 멈춰 달라는 거야.

딸 응. 그럼 그 관찰사 아저씨가 두 개 다 들어줬어?

아빠 반반? 전라도도 충청도하고 마찬가지로 두 번째인 지방관과 토호들의 괴롭힘은 금지하겠지만, 동학을 못 믿게 하는 것은 국가가 하는 일이니까 혼자 힘으로는 할 수 없다고 답변한 거야.

딸 아까 충청도하고 똑같네. 이번에는 더 많은 사람이 모여서 된 줄 알았는데, 된 것도 아니고 안 된 것도 아니네.

아빠 응. 그래서 어떤 사람들은 허락받을 때까지 시위해야 한다는 사람도 있었고, 어떤 사람들은 이 정도만 해도 좋다는 사람도 있었어. 그래서 서로 의논한 끝에 일단 12월에 충청도 보은에 모여서 동학은 이단이 아니라고 정부에 문서를 올려. 그리고 충청도와 전라도 지역의 관리들이 수탈을 심하게 하니까 정부에서 헤아려 달라고 한 거야.

딸 지방 정부에서 안 되니까 중앙 정부에다가 한 거네? 지금으로 치면 청와대 게시판에 올린 건가?

아빠 뭐 그렇다고 할 수 있지.

딸 정부는 들어줬어?

아빠 네 생각은 어때? 들어줬을 거 같아?

딸 아니. 들어줬으면 동학농민혁명이 안 일어났을 거 아냐?

아빠 헐~ 눈치만 늘어가지고… 맞아. 정부에서 이 문서에 대한 대답조차 하지 않은 거야. 아예 무시한 거지.

딸 그럼 어떻게 해?

아빠 다음 해에 임금님이 계신 서울로 올라가서 복합상소운동(伏閤上疏運動)을 벌이기로 약속하고 흩어졌어.

딸 복합 뭐?

아빠 '복' 자는 엎드린다. '합' 자는 쪽문이라는 뜻이야. 합치면?

딸 쪽문에 엎드린다?

아빠　여기서는 궁궐의 작은 문을 의미하는 거야. 상소는 임금에게 신하나 백성이 글을 올리는 거고. 그럼 이걸 합치면 무슨 뜻이야?

딸　궁궐의 작은 문에 엎드려서 상소를 올린다?

아빠　그렇지~ 조선시대에는 나라에 중요한 일이 있으면 신하나 유생(유교를 공부하는 사람)들이 궁궐 앞에서 상소를 올렸어. 이걸 복합상소라고 해. 우리 딸 서울 가봤잖아? 임금님은 어디에 있었지?

딸　경복궁~

아빠　맞아 이때 임금님은 고종인데, 고종은 경복궁에 있었고, 지금의 경복궁은 그때 만든 거야. 대원군이라고 들어 봤어?

딸　들어본 거 같기는 한데...

아빠　흥선대원군이라고 이 사람이 당시 왕이었던 고종의 아빠야.

딸　어? 왕은 아빠가 죽으면 왕이 되는 거 아냐? 그런데 왕의 아빠가 살아 있어?

아빠　맞아 보통은 그렇지. 그런데 가끔 앞에 왕이 자식 없이 죽는 경우도 있단 말이야. 그러면 조카나 친척들 중에서 왕을 세우는 때도 있어.

딸　아~ 그럴 수도 있겠네.

아빠　그래서 새로 왕이 된 사람의 친아빠한테 대원군(大院君)이라는 직함을 준단 말이야. 그런 사례들이 선조의 아빠 덕흥대원군 이초(德興大院君 李岧 ; 1530 ~ 1559), 인조의 아빠 정원대원군 이부(定遠大院君 李琈 ; 1580 ~ 1619), 철종의 아빠 전계대원군 이광(全溪大院君 李壙 ; 1785 ~ 1841), 그리고 지금 이야기하는 고종의 아빠 흥선대원군 이하응(興宣大院君 李昰應 ; 1820 ~ 1898)이야. 이 중에 흥선대원군이 제일 유명하고 학교 시험에도 나오지.

딸 아빠 난 못 외울 거 같아.

아빠 외우라는 게 아니라 이런 사람들이 있다는 정도랑 대원군이 무엇을 이야기하는지 개념만 알고 있으라는 거야. 사실 아빠도 이름까지 못 외우고 누구 아빠 정도만 알아.

딸 휴~ 다행이다. 아빠도 못 외우면 내가 바보는 아닌 거잖아.

아빠 맞아. 우리 딸이 모르는 게 아니야. 그리고 아빠가 알려주면 되니까 모르면 막 물어봐.

딸 알겠어. 그럼 경복궁을 만든 게 생각보다 별로 안 되었네?

아빠 응. 그 이야기를 하자면 길어지니 나중에 서울 올라가서 궁궐 투어 할 때 말해줄게.

딸 알겠어. 그런데 아빠가 옛날에는 궁궐을 아무나 들어갈 수 없다고 했잖아.

아빠 응. 그러니까 궁궐 앞에서 상소를 올린다고 했잖아. 그러면 어디에서 사람들이 상소를 올렸을까?

딸 몰라.

아빠 아니야. 우리 딸이 가 본 곳이야.

딸 힌트~

아빠 사진도 찍고~ 경복궁 앞 쪽에~

딸 정답!! 광화문.

아빠 딩동댕~ 맞아 광화문이야. 거기에서 40여 명의 교도가 다음해(1893년) 2월 11일에 임금에게 광화문 앞에서 엎드려 사흘 밤낮을 교조신원해 달라고 호소했대.

딸 그 사람들 너무 힘들었겠는데?

아빠 그렇지. 엄청 힘들었을 거야. 그런데 네가 높은 자리에 있는데, 많은 사람들이 와서 뭔가 해달라고 사흘 밤낮을 호소하면 어떨 거 같아?

딸 엄청 부담스럽겠지.

아빠 결국 3일 만에 고종이 '각기 집으로 돌아가 안심하고 생업에 종사한다면 마땅히 소원대로 시행하겠다.'라고 대답하고 해산하도록 했어.

그림 15 | 광화문: 경복궁의 정문으로 복합상소운동이 있었던 장소이다. 뒤쪽으로 청와대가 보인다.

딸 와~ 그럼 소원대로 됐네?

아빠 아니. 그런데 약속은 지켜지지 않았어. 막상 이들이 해산하니까 태도가 바뀌어서 신하들은 상소를 올린 주모자를 잡아들이라고 임금에게 요구했고, 고종 역시 이걸 들어준 거야. 그리고 동학교도를 막지 못한 전라 감사 이경직과 지금의 서울 시장인 한성부판윤 신정희를 혼내줬어.

딸 진짜 나쁘다. 무슨 임금님이 약속도 안 지켜?

아빠 그러게. 이렇게 임금부터 동학을 인정 안 하니까 당연히 앞에 충청감사와 전라 감사가 했던 약속은 잘 지켜졌겠지?

딸 아니. 더 안 지켜졌겠지.

아빠 맞아. 그러니까 지방에서는 이 소문이 돌아서 관리들과 토호들은 동학교도를 더 심하게 탄압했어.

딸 그럼 어떡해? 동학을 안 믿어야 하나?

아빠 그러니까 동학을 이끄는 사람들은 정부에 속았다고 판단했어.

딸 당연하지. 정부가 완전히 속인 거야.

아빠 한편, 복합상소를 하는 동안과 그 직후에 서울에 있는 외국 공사관이나 교회당 같은 데에 동학교도로 추정되는 사람들이 괘서(掛書)라고 지금으로 치면 대자보 같은 것을 붙였어.

딸 왜 그런 걸 붙여?

아빠 아까 동학이 외국 세력을 몰아내자는 취지도 있었다고 했잖아? 그런데 우리나라에 와있는 외국인들에게 두려움을 주기 위해서 너희 빨리 나가라 뭐 이런 식으로 글을 써서 붙인 거지.

딸 와 진짜 무섭겠네.

아빠 그렇지. 얼마나 무섭겠어? 그래서 서울에 있는 외국 공관에서는 일이 일어날지도 모른다고 본국 하고도 연락하고, 혹시 철수할 수도 있으니까 그걸 준비하기도 해. 어쨌든 그렇게 괘서가 여러 차례 붙으며 외국인들을 겁을 준거야. 그렇게 하면 조선에 살고 있는 외국인들이 나갈 거라고 생각하고.

딸 그래서 외국인들이 나갔어?

아빠 무서워만 했지 나가지는 않았어.

딸 결국은 외국인 내보내는 것도 안 되고, 임금에게 요구한 것도 잘 안된 거네?

아빠 그래서 지도자들과 교인들은 합법적인 방법은 포기하고 대중적 시위운동으로 방식을 바꿨어. 1893년 3월 10일에 당시 동학의 지도자였던 최시형 등은 전국에 있는 교도들에게 충북 보은 장내리로 집합하라고 명령했지.

그림 16 | 보은집회 장소(충북 보은군 장안면 장내리):
대도소가 설치된 곳으로 1893년 3월에 보은집회가 열렸고, 2차 봉기때 북접의 농민군이 집결했다.

딸 아빠 근데 왜 충북 보은이야? 너무 먼데?

아빠 앞에서 말했는데, 2대 교주였던 최시형이 1885년 보은군 장내리에 본거지를 삼았어. 그러니까 제일 높은 지도자가 있는 곳으로 모여야지.

딸 아~ 대장이 있으면 거기 모이는구나?

아빠 그리고 동학을 믿는 사람들이 전라도, 경상도, 충청도에 많이 사니까 이 사람들이 모이기에 충청도가 적합한 측면도 있고 말이야.

딸 아빠. 근데 무슨 일이 일어나면 뭔가 거기와 연관이 있는 것 같아.

아빠 오~ 우리 딸이 아주 중요한 걸 발견했네~. 맞아. 아빠는 어떤 역사적 사건 혹은 상황이 일어나는 건 당연히 배경이 있고, 그 특정한 장소와 관련성이 있기 때문이라고 생각해.

딸 그럼 보은에서 뭐 했어?

아빠 이번에는 전국 각지에서 사람들이 많이 왔대. 전라도, 충청도, 경상도뿐만 아니라 강원도와 황해도에서까지 말이야. 그래서 수만 명이 모였다고 그래. 최소 2만 명 이상이 모였을 것으로 추정하고 있어.

딸 와~ 진짜 많다.

아빠 우리나라 역사상 반란이 아니라 집회 중에서 이만큼 많은 사람들이 모인 것은 거의 처음이라고 할 수 있어.

딸 대박~ 대단한 거네. 그런데 모여서 뭐 했어?

아빠 이번에는 교조신원운동뿐만 아니라 일본과 서양 세력을 물리치자고 요구했어. 이걸 어렵게 말하면 척왜양창의(斥倭洋倡義)라고 해. '척' 자는 물리친다. '왜'는 일본, '양'은 서양이야, '창의'는 나라가 어려울 때 의병을 일으킨다는 뜻이고, 그럼 합치면?

딸 일본과 서양을 물리치고 의병을 일으킨다?

아빠 옳지. 바로 그거야. 이제 뭔가 달라지지 않았어?

딸 잘 모르겠어.

아빠 지금까지는 우리 동학 창시자의 억울함을 풀어주세요. 그리고 동학도 정식 종교로 인정해 주세요. 이런 거였잖아?

딸 응.

아빠 그런데 이제는 여기에서 한 발 더 나가서 '척왜양창의'라는 정치적 구호를 내세운 거야. 그러면서 지금까지가 단순한 종교 운동이었다면 이제는 농민운동으로 바뀐 거야.

딸 뭔가 어려운 것 같으면서도 이해가 되는 것 같아.

아빠 뭐가?

딸 잘 모르겠는데, 그전보다 더 큰 것을 주장한 것 같아

아빠 그래 그 정도면 충분해.

딸 아빠 그런데 이렇게 많은 사람들이 모이면 정부에서 가만히 있지 않을 거 같은데?

아빠 이제 우리 딸 눈치가 점점 늘었네? 맞아. 그래서 정부에서 '충청감사 너 이런 것도 정리 못하고 뭐하는 거야?' 이런 취지로 충청감사 조병식을 파직했어. 즉, 관직에서 내쫓은 거야.

딸 그 사람 그래도 동학교도들의 주장을 조금이라도 인정해 줬던 사람인데?

아빠 그러니까 정부에서는 무능하다고 생각했나 봐, 집회를 해산시키려고 서울에서 어윤중이라는 사람을 보내고, 당시 충청도의

사단장 같은 충청병사 홍재희라는 사람에게 군사 300명을 이끌고 보은으로 가게 했어.

딸　오~ 무서웠겠네.

아빠　맞아. 어윤중이 보은군수랑 같이 와서 '우리가 탐관오리들은 벌을 내릴 거니까 너희는 집에 돌아가라. 만일 흩어지지 않으면 엄히 벌을 내리겠다.'라는 식으로 써 있는 임금의 명령을 전해. 그래서 최시형을 비롯한 동학 지도부는 그 뜻을 받아들여 해산하지.

딸　뭐야. 기껏 2만 명 넘는 사람이 모였는데 그냥 해산해? 뭐 한 것도 없이?

아빠　그러게 말이야. 그러니까 당시 동학 지도부는 이런 한계점을 가지고 있었던 거야. 이와 비슷한 시기에 전라도 금구에서는 전라도의 동학교도들이 따로 집회를 벌이고 있었어. 전봉준과 손화중 등을 중심으로 모였는데…

딸　나 알아 전봉준 장군. 녹두장군.

아빠　그런데 이 사람들은 남쪽에 있다 해서 남접이라고 부르고, 아까 최시형 등 북쪽에 있는 사람들이라 해서 북접이라 해. 아까 포접제 있지? 거기서 이름을 따서…

딸　어렵다.

아빠　근데 이건 중요한 거니까 알아야 해. 보은이 전라도보다 위쪽이니까 북접, 전라도는 좀 남쪽이니까 남접이라고 외우면 되거든.

딸　그럼 보은집회는 북접, 금구집회는 남접에서 주도했다?

아빠　맞아. 오~ 금방 응용했네? 이것도 시험에 자주 나오는 거니까 꼭 알아둬~

그림 17 | 북접과 남접 위치도

딸 알겠어. 그런데 남쪽에서는 왜 따로 모인 거야?

아빠 전봉준 장군이 손화중 등 다른 사람들하고 금구에서 무기와 식량을 모아서 보은에 모인 동학교도들과 합치자는 거야. 그 뒤에 서울로 올라가서 '척양척왜(斥洋斥倭)'를 실천하려고 했어. 이걸 금구 집회라고 해.

딸 아빠 어려워, 척 뭐?

아빠 앞에서도 한 것처럼 '척'은 물리 치다는 뜻이고, '양'은 서양, '왜'는 일본이야. 그럼 합치면 무슨 뜻이지?

딸 서양과 일본을 물리친다.

아빠 그렇지. 한자 뜻을 풀이하니까 어렵지 않지?

그림 18 | 금구집회지(김제시 금산면 원평리): 교조신원당시 동학교도들의 집회가 열렸던 장소이다. 이곳은 금구현 소재지로부터 7Km가량 떨어진 원평으로, 당시에 금구현 소속이었기 때문에 금구집회지라고 불린다. 사진 오른쪽으로 원평천이 흐르고 집들이 모여 있는 전통시장 일대에서 집회가 이루어진 것으로 보인다. 바로 옆의 산은 제2차 봉기 후 후퇴하면서 전투를 벌였던 구미란 전투지이다.(동학농민혁명기념관 제공)

딸 응. 그런데 왜 꼭 한자로 해서 어렵게 만들어?

아빠 그건 그 단어를 적합하게 표현하려는 거라 어쩔 수가 없어. 그때 당시 사람들은 한자를 공식적으로 썼잖아. 그래서 그 당시에 저런 말을 만든 거야. 이걸 역사 용어라고 해. 시험에도 다 그렇게 나오고… 대신 아빠가 풀어서 설명해 주면 되잖아.

딸 알겠어. 그런데 그 뒤에는 어떻게 됐어?

아빠 일단 손화중은 금구에서 모였던 사람들 1만 여 명을 이끌고 보은집회에 참석해서 그 세력을 보여줬어. '우리 이 정도로 교도도 많고, 응원하는 사람이 많다.' 하고.

딸 그렇게 많은 사람을 모았다니 진짜 세력이 강하네.

아빠 자~ 그럼 조선 정부 입장에서는 어떨까? 막 몇 만 명씩 모이고, 이 사람들이 조선에 살고 있는 외국인들 몰아낸다고 하고,

서울로 진격할 거라 하고 그러는데?

딸 무섭겠지?

아빠 무섭다기보다는 신경이 쓰이겠지? 그래서 이걸 진정시켜야겠다고 생각한 거야. 그래서 좀 전에 보은 집회를 해산시켰던 어윤중을 여기로 보내서 이들을 위로하게 했어. 결국 동학 지도부는 이를 받아들여서 해산했어.

딸 그런데 이게 뭐가 중요해?

아빠 응. 중요하지. 아빠가 이야기한 걸 들어보니까 어때? 점점 동학의 세력도 커지고, 이 사람들이 원하는 것도 달라지지 않았어?

딸 그러게~ 뭔가 달라진 것 같기도 해.

아빠 바로 교조신원운동을 통해서 동학 자체의 성격을 알 수 있어. 즉 반봉건, 반외세라는 거야.

딸 반봉건, 반외세는 뭔데?

아빠 반봉건이라는 것은 봉건사회에 반대한다는 거야. 전에도 이야기했지만, 지금은 우리 다 평등하잖아? 그런데 옛날엔 양반, 상민, 노비 등으로 신분이 나누어져 있어서 평등하지 않았어. 동학에서 가장 중요한 사상이 뭐라고 했지?

딸 인즉천!!

아빠 맞아. 사람이 즉 하늘이다. 이건 사람들이 평등하다는 거야. 그러니까 당시 신분제 사회를 찬성하는 거야 반대하는 거야?

딸 반대하는 거.

아빠 그렇지. 그러니까 반봉건의 성격을 가졌다는 거야.

딸 쉽네.

아빠 그리고 반외세는 외세에 반대한다는 거야. 외세는 바깥의 세력, 즉, 다른 나라가 우리나라를 간섭하는 거야. 다른 말로는 이때 다른 나라가 우리나라를 침략하는 것에 반대한다는 뜻으로 반침략이라고도 해.

딸 다른 나라가 침략해 오는 걸 반대하는 건 당연한 거 아냐?

아빠 그런데 당시에는 일본, 러시아, 프랑스, 영국 등 여러 나라가 우리나라와 조약을 맺고 광산에서 금이나 은 같은 걸 캐가는 권리나 철도를 놓는 권리 등 많은 것을 가져가고 우리나라를 차지하려고 했어. 특히, 일본은 쌀을 엄청 사서 일본에 가져가니까 쌀값이 크게 올랐어. 그러니까 동학 교도들은 이게 싫었던 거고 반대한 거야. 그래서 반외세를 주장한 거지. 아까 괘서를 붙였던 것도 이런 맥락이고.

딸 아~ 그렇구나.

아빠 어쨌든 동학 교도들은 교조신원운동을 통해서 점차 자신들의 생각을 잘 다듬어갔고, 수만 명이 모이는 걸 보면서 자신감을 얻게 되었어. 그리고 동학교도가 아닌 사람들도 동학이라는 것이 지금의 사회를 바꿀 수 있는 것처럼 보이게 된 거야. 그래서 많은 사람이 동학에 들어갔고, 이러한 힘들이 모이게 되면서 후에 동학농민혁명이 가능해졌어. 따라서 동학의 교조신원운동은 동학농민혁명으로 나가는 연결고리라고 할 수 있지.

딸 그럼 교조신원운동이 단순히 '우리 최제우 조상님 누명 풀어주세요.'가 아니라 동학농민혁명이 되는 거구나.

아빠 오~ 완전 핵심을 이해했네?

딸 아빠. 이제 완전히 이해했어. 땡큐~~

4장

혁명의 시작!
고부농민봉기

4장

혁명의 시작!
고부농민봉기

아빠 오늘은 동학농민혁명이 본격적으로 일어난 고부로 갈 거야.

딸 고부 많이 들어봤어. 책에서 봤어. 전봉준 장군이랑.

아빠 오~ 많이 아는데?

딸 그래도 아빠가 설명해 줘~

아빠 일단 전봉준 장군을 간단히 설명해줄게. 중요한 사람이니까. 전봉준은 1855년에 고창에서 태어났어. 아. 연도는 외우지 않아도 돼. 어려우니까. 사실 어디서 태어났는지 혹은 어디에서 살았는지 여러 말이 많기는 한데, 현재로서는 고창군 고창읍 죽림리 당촌 마을이라는 곳이 유력해.

그림 19 | 2019년 촬영

그림 20 | 2022년 촬영

※ 전봉준 생가(고창군 고창읍 죽림리): 2021년에 철거하여 지금은 터만 남아 있다.

딸　아빠 그럼 거기부터 가면 되겠다.

아빠　순서상 거기부터 가는 게 맞겠다. 그런데 오늘은 동선 상 고부부터 갔다가 무장으로 가야 하니까 나중에 갈게.

딸　알겠어. 계속 설명해 줘.

아빠　그런데 왜 이렇게 어디서 태어났는지 여러 이야기가 많냐 하면 전봉준 장군네 집이 가난해서 여기저기 떠돌아 다녔다는 거야. 그래서 고창에도 살았고, 고부에도 살았고, 태인에도 살았다고 하고, 그랬대.

딸　왜 가난하면 이사를 많이 다녀?

아빠　만약에 자기 땅이 많으면 한 군데서 농사짓고 오래 살겠지. 그런데 먹고 살 게 별로 없으면 '이 동네에 일자리가 있을까? 저 동네에 있을까?'하고 돌아다니는 거야.

딸　아~ 슬프다. 그런데 왜 그렇게 가난해?

아빠　원래 전봉준의 집안도 양반 가문이었다고 그래. 하지만 최제우 때 설명한 것처럼 점차 가난해지면서 전봉준의 아버지 때쯤 되면 농민과 다를 바 없이 가난한 몰락 양반이 된 거야. 그래도 양반 출신이어서인지 아버지인 전창혁은 서당에서 아이들을 가르치는 훈장을 하면서 먹고살았어.

딸　그럼 전봉준도 가난한데 공부했겠네?

아빠　서당 훈장까지 했으니 아무리 가난해도 전봉준에게는 글을 가르치고 공부시켰겠지?

딸　와, 전봉준은 가난해도 열심히 공부했나 보네.

아빠　응. 그래서 전봉준도 어른이 되어서 서당의 훈장도 하고, 약초를 파는 약방도 운영했대. 그리고 옛날에는 한문을 아는 사람이 많지 않으니까 보통 백성들은 억울한 일을 당해서 '관청에 이런 거 해결해 주세요.' 하는 글을 쓰거나 친구한테 편지를 쓴다던지 해야 하는 데 한문을 알지 못하는 거야. 그래서 글을 아는 사람들이 돈을 받고 대신 써 줘.

딸 글을 배우니까 할 수 있는 일이 많네?

아빠 그러게 말이야. 역시 예나 지금이나 아는 게 힘이네? 그리고 지금의 정읍시 산외면이라는 곳인데 당시에는 태인 소속이었다고 해. 전봉준이 여기에서 자리 잡았을 때는 세 마지기 정도의 농사를 지으면서 서당 훈장을 했대.

딸 세 마지기가 뭐야?

아빠 세 개의 마지기라는 뜻이야. 마지기가 뭐냐면 쌀 한 말을 뿌릴 수 있는 넓이의 땅을 뜻하는 말이야. 지금은 아파트 몇 평, 땅 몇 평 이렇게 넓이를 측정하잖아? 그런데 예전에는 농사를 지었기 때문에 씨를 뿌려서 가을에 얼마만큼 수확할 수 있는지가 가장 중요한 거였어.

딸 그럼 지금처럼 땅의 넓이가 똑같지 않겠네?

아빠 바로 그거야. 그러니까 땅이 얼마나 비옥한지, 즉, 얼마나 많은 양을 수확하는지가 그 땅이 좋은 땅인지 아닌지를 결정하는 거야. 그러니까 어떤 땅은 수확량이 좋아서 면적은 작을 수도 있고, 어떤 땅은 수확량이 적어서 면적은 클 수도 있지.

딸 아. 그렇구나. 조선시대는 어렵네.

아빠 응. 아무래도 지금 우리의 삶의 방식과 다르기 때문에 이런 현상이 나왔어. 그래도 아직까지 시골에서는 마지기라는 표현을 쓰고 있어.

딸 그럼. 세 마지기는 많은 거야?

아빠 아니. 그렇게 많다고 할 수는 없어.

딸 그런데 전봉준은 어쩌다가 동학을 믿게 되었어?

아빠 전봉준은 1890년인 35살쯤에 동학에 들어갔대.

딸 늦은 나이에 들어갔네?

아빠 응. 그리고 들어간 지 얼마 안 되어서 2대 교주인 최시형으로부터 고부 지방의 접주로 임명되었어. 전봉준이 동학에 들어간 이유는 정확히 알 수 없어. 하지만 그가 나중에 잡혀서 일본군에게 대답한 내용을 보면 자기는 조금밖에 농사를 짓지 않아서 세금으로 뺏기는 것도 별로 없었는데, 다른 사람들이 피해를 보니까 그런 억울한 점을 고치기 위해서였다는 식으로 이야기했어. 동학을 통해 조선이라는 나라를 바꾸려는 의지가 있었다는 생각이 들어.

딸 와. 멋진 사람이다.

아빠 그러니까 장군님이지. 너도 잘 아는 것처럼 별명이 뭐라고?

딸 녹두장군,

아빠 왜 녹두장군이야?

딸 키가 녹두처럼 작아서 생긴 별명이야.

아빠 와~ 정말 잘 아는데?

딸 히히. 이거 학교에서 배웠어.

아빠 자 그럼 이제 본격적으로 시작해 볼까요?

딸 네~

아빠 오늘 가는 고부는 정읍시에 속해있어. 정확히 정읍시 고부면, 이평면, 영원면, 정우면, 덕천면 이런 곳들이야. 지금의 부안군 백산면도 이때는 고부군으로, 그때에는 고부군이라고 하나의 행정단위였어. 이런 경우가 많아.

딸　아빠. 어려워.

아빠　정읍만 예를 들면 원래 정읍군, 태인현, 고부군이 합쳐져서 지금의 정읍시가 된 거야.

딸　아빠. 뭐야 하나도 모르겠어.

아빠　그럴 줄 알았어. 서현이 조선시대 지도하면 유명한 게 뭐지?

딸　김정호의 대동여지도.

아빠　그렇지. 바로 그 대동여지도를 한 번 볼까? 이 지도를 보면 현재의 정읍시를 크게 고부, 태인, 정읍으로 나누고 있지? 저 검정색 점선에 빨강색, 노랑색, 파랑색 선으로 그은 게 각 군현의 경계야. 그러면 일단 이 세 군현이 합쳐져서 지금의 정읍시가 된 건 알겠어?

딸　응. 그러네.

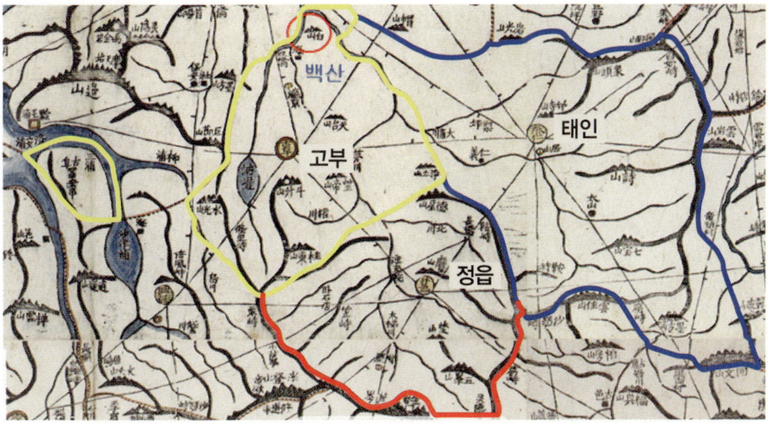

그림 21 | 대동여지도 고부 · 정읍 · 태인: 현재의 정읍시는 고부군과 정읍현, 태인현이 합쳐진 것이다. 고부의 북부에 백산이 있는데, 현재 이곳은 부안군 백산면으로 편입되었다. 그리고 고부의 왼쪽으로 바다 부분은 조선시대에는 고부였으나 현재는 고창군 부안면으로 변경되었다. 부안면은 제2차 봉기때 손화중이 관군에게 잡힌 지역이기도 하다.

아빠　그런데 이 지도로는 어디가 평평한지 산이 있는지 알 수 없지? 그래서 이걸 위성 지도로 한 번 볼 거야. 어때?

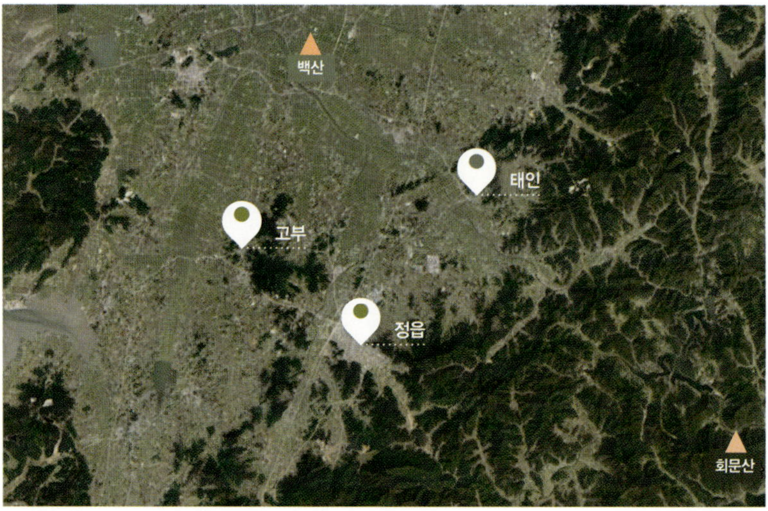

그림 22 | 고부·정읍·태인(네이버 지도 편집)

딸　산이 별로 없고, 하천이 많이 흐르네?

아빠　오~ 예리한데? 요즘 학교에서 지형을 배웠구나? 일단 고부는 동진강, 정읍천, 고부천 등이 흐르고 있어. 이게 무슨 말이냐면 물이 풍부하기 때문에 농사를 짓기 좋은 조건이라는 거야. 또 산보다 평지에서 농사가 잘되겠지? 가서 보면 알겠지만 거의 산은 없고, 평야란 말이야. 이걸 교과서에 나오는 표현으로 바꾸면 넓고 기름진 평야라고 해.

딸　넓은 건 알겠는데 기름진 건 뭐야?

아빠　응. 농사를 잘 지으려면 땅에 영양분이 많아야 해. 그래야 쌀이나 보리 등 농산물이 쑥쑥 자라거든. 그런 땅을 바로 기름지다고 해. 아무래도 하천의 물이 자주 지나가고 하니까 고부에 그런 땅들이 많았던 거야.

딸 아~ 알겠어.

아빠 지금이야 공장이나 4차 산업 등 고부가가치 산업이 많은 게 최고지만, 옛날에는 농사짓는 게 대부분이었기 때문에 고부 같은 곳이 인기가 좋았어. 사람 살기도 좋고…

딸 아빠 그런데 그렇게 살기 좋은 곳에서 왜 동학농민혁명이 일어나?

아빠 아주 중요한 질문이야. 옛날에는 관리들이 세금을 많이 거두었거든. 특히 전봉준이 살던 시기에는 부정부패한 관리들이 많았어. 그래서 백성들에게 세금을 많이 거두는 사람들이 많았어. 예를 들어서, 고부군에서 1년에 정부로 보내야 하는 돈이 1억이야. 그리고 고부군 내에서 써야 하는 돈 등도 1억이야. 그럼 백성들한테 얼마를 걷어야 해?

딸 2억을 걷어야지.

아빠 맞아. 그래야 하는데 관리들이 더 걷는단 말이야. 만약 2억 5천을 걷으면 5천이 남지? 그걸 군수나 관리들이 갖는 거야.

딸 헐~ 돈 벌기 쉽네. 아니 나라에서는 그런 거 관리 안 해?

아빠 맞아. 우리 딸이 들어본 것처럼 암행어사도 보내고 하는데, 나라가 오래되고 잘 안 다스려지니까 관리들이 제대로 통제되지 않는 거야. 그럴수록 관리들은 더 부정부패해지는 거지. 만약 서현이가 그런 부정부패한 관리라면…

딸 내가 왜~ 나는 아니야.

아빠 아니 예를 든 거야. 그래 그럼. 아빠가 부정부패한 관리라면 세금을 많이 걷을 수 있는 곳에 가고 싶을까? 아니면 산이 많고 논, 밭도 별로 없어서 세금을 많이 걷을 수 없는 곳에 가고 싶을까?

딸 　당연히 세금 많이 걷는 데지.

아빠 　맞아. 바로 고부가 그런 곳이었어. 그러면 어지간한 관리들도 이곳에 오기 힘들었겠지?

딸 　응.

아빠 　1892년에 조병갑이라는 사람이 고부군수로 오는데, 이 사람은 친척이 영의정, 지금으로 치면 국무총리를 지낸 조두순이라는 사람이야. 또 친척 중에 조병식이라는 사람은 충청도에서 교조신원운동할 때 관찰사를 지내기도 했어. 다들 권력을 잡고 있는 사람이라는 거지. 어쨌든 조병갑이 고부로 와서 백성들에게 여러 가지 이름을 붙여서 세금을 걷은 거야.

딸 　어떻게?

아빠 　잘 사는 농민에게 이상한 죄를 씌워서 돈을 받고 풀어줬어. 예를 들어서 '가정이 화목하지 않다.', '부모에게 효도하지 않는다.' 등으로 말이야.

딸 　뭐 그런 법이 다 있어?

아빠 　그리고 자기 아버지가 조규순이라고 해. 아까 아빠가 조병갑의 친척이 조두순이라고 했지? 뭔가 조규순하고 조두순 이름이 비슷하지 않아?

딸 　응 비슷해. 형제나 사촌 같아. 같은 순자로 끝나.

아빠 　맞아 둘이 이복형제간이야. 그러니까 조규순하고 조두순은 아빠는 같고 엄마가 다르고, 조병갑한테는 큰아버지뻘이지. 그리고 조병식은 조병갑의 사촌형이고. 암튼 조규순이 고부의 바로 옆 동네인 태인현감을 지냈는데, 그 공덕비를 세운다고 강제로 1,000여 냥을 거두기도 했어.

그림 23 | 조규순 영세불망비(정읍시 태인면 태창리 피향정)

딸 공덕비가 뭔데?

아빠 그 사람이 와서 잘했다고 공과 덕을 기리기 위해서 만드는 비석이야. 다른 말로는 선정비라고도 해. 이 비석의 정확한 이름은 '현감조후규순영세불망비(縣監趙侯奎淳永世不忘碑)'인데 현감은 당시 행정 명칭으로 지금의 진안군, 무주군 같은 단위이고, 그곳을 다스리는 사람을 말해.

딸 아빠 어렵다. 근데 아까 이름이 조규순이라고 안 했어? 근데 왜 조후규순이야?

아빠 좋은 질문이야. 후(侯)는 제후라는 뜻으로 어느 지역을 다스렸던 지방관에게 성씨 다음에 후자를 붙여줘서 높여주는 거야. 만약에 아빠가 이곳의 현감이 된다면 '박후정민~~' 이런 식으로 이름을 쓰겠지.

딸 아~ 그렇구나. 그런데 영세불망비는 뭐야? 공덕비라고 안 했어?

아빠 영세불망비도 공덕비와 같은 내용이야. 그러니까 이 사람이 와서 우리 고을에 정치를 잘했으니까 '영세' 즉 영원히 '불망' 잊지 않겠다는 내용을 새긴 비석이라는 뜻이야.

딸 오~ 한자로 써 있어서 어려웠지 실상 내용은 그렇게 안 어렵네? 그런데 조병갑은 왜 다른 동네에서 자기 아빠 거를 만들어?

아빠 그러니까 잘못되었다는 거지. 그리고 사람들을 가장 황당하게 만든 게 따로 있어.

딸 또 있어?

그림 24 | 구글어스로 보는 만석보의 위치

그림 25 | 만석보 유지비(정읍시 이평면 하승리): 조병갑 학정(虐政 ; 가혹한 정치)의 상징물

아빠 응. 지금 가고 있는 만석보라는 거야. 지난번에도 왔었는데,

기억이 잘 안 나지? '보'라는 것은 물을 가두어서 가뭄에도 농사에 물을 쓰기 위해서 만드는 거야.

딸 댐 같은 거야?

아빠 댐하고 비슷한데, 그것보다는 작아. 원래 정읍천에 보가 있었어. 이 보 때문에 고부는 가뭄이 들어도 풍년 농사를 지었대. 그래서 쌀이 만(10,000) 석이나 나오기 때문에 만석보라고 했대. 그런데 조병갑은 태인천과 정읍천이 합쳐지는 곳에 고부 군민들을 시켜서 새로운 만석보를 만들었어. 그래서 옛날 보를 옛 '구'를 써서 '구보', 새로운 보를 새로울 '신'을 써서 '신보'라고 해. 당시에는 포크레인 같은 것도 없는데 사람들이 그걸 만드는 데 얼마나 힘들었겠어?

딸 엄청 힘들었겠지.

아빠 그러게 말이야. 조병갑이 얼마나 나쁘냐면 만석보를 만드는 데 고생한 사람들에게 품삯도 주지 않았을 뿐만 아니라 그해 가을에는 농사짓느라 사용한 물세(수세)를 비싸게 받은 거야. 그렇게 가져간 게 700여 석이나 되었대.

딸 와~ 완전 도둑이네.

아빠 그렇지. 그러니 백성들이 화가 나 안나?

딸 완전 화나.

아빠 그러니까 백성들이 여러 차례 항의했지. '이러지 말라, 우리 힘들다' 등등. 그러니까 조병갑이 '아! 내가 잘못했구나. 백성들이 힘들겠네?'라고 생각하겠지?

딸 아니. 그런 사람들이 저런 생각이면 그렇게 백성들을 괴롭혔겠어?

아빠　맞아. 그렇게 여러 번 사정하고, 항의해도 조병갑이 듣지 않은 거야. 그런데 당시 사람들은 한글을 주로 썼지?

딸　아니. 한문을 썼다면서.

아빠　오~ 안 속아 넘어가는데? 맞아 한문을 썼어. 특히, 관청에 문서를 내는 것도 한문으로 쓰여 있어. 그럼 이건 어려워 안 어려워?

딸　엄~청 어렵지.

아빠　그러겠지? 당시도 마찬가지였어. 그런데 전봉준의 아버지가 뭐 하던 사람이라고 했지?

딸　훈장.

아빠　그렇지. 그러니까 그래도 다른 사람들보다 한문 같은 걸 쓸 줄 알았을 거 아냐? 그래서 조병갑에게 '이러지 말라, 우리 힘들다 그러니 세금 좀 내려주세요.' 이런 내용의 탄원서를 내는데, 전창혁이 그 중 한 명이었어.

딸　그 아버지에 그 아들이네.

아빠　그러게. 그렇게 용감한 사람이지. 그런데 아쉽게도 상대가 일반적이지 않은 사람이야.

딸　아! 조병갑이지. 나쁜 사람.

아빠　응. 조병갑은 이 탄원서를 읽고 반성하거나 하지 않고, 오히려 더 심하게 몰아쳤어. '이거 쓴 사람 당장 잡아 와.' 이런 식으로 한 거지. 결국 전창혁이 잡혀가서 곤장을 엄청나게 맞고 왔어. 전에 남원 광한루원에 갔을 때 곤장 봤지? 그리고 누워서 살짝 맞아봤잖아?

딸　윽. 그거 너무 아프잖아. 나 살짝 맞았는데 진짜 아팠어.

아빠　맞아. 옛 기록을 보면 인정사정없이 곤장을 맞으면 살이 터지고 피가 막 흐른다고 그래. 전창혁이 그렇게 맞았나 봐.

딸　으. 잔인해.

아빠　옛날에는 의료기술이 발전하지도 않고 해서 제대로 치료를 받지 못해서 죽는 사람들도 많았어. 어쨌든 전창혁이 집에 왔는데 상처가 더 덧나고 살이 썩고 했지. 결국 얼마 지나지 않아서 전창혁이 죽었대.

딸　우와 진짜 화났겠다. 아빠까지 돌아가시게 만들었으니까.

그림 26 | 동학농민혁명모의장소(정읍시 고부면 신중리):
현재 개인 집으로 사용되고 있어 안에 들어 갈 수 없지만 충분한 의미가 있는 장소이다.

아빠　그러게 말이야. 그러니까 전봉준 등 여러 사람이 1893년 11월에 당시 송두호라는 사람의 집에 모였어. 그러니까 동학농민혁명이 일어나기 두 달 전인거야.

딸　거기서 뭐 한 거야?

아빠　여기에서 조병갑을 어떻게 혼내줄지 회의 한 거야. 이때 20명 정도가 모여서 고부성을 부수고, 조병갑을 죽이고, 군기창과

화약고를 점령하고, 군수에게 아부해서 백성들을 힘들게 한 아전을 혼내주고, 전라감영을 함락해서 서울로 곧바로 올라갈 것을 맹세한 거야. 그래서 그 문서로 만든 것이.....

딸　알아! 사발통문

아빠　오~ 어떻게 알았어?

딸　학교에서 배웠어^^

아빠　응. 그게 사발통문이라는 거야.

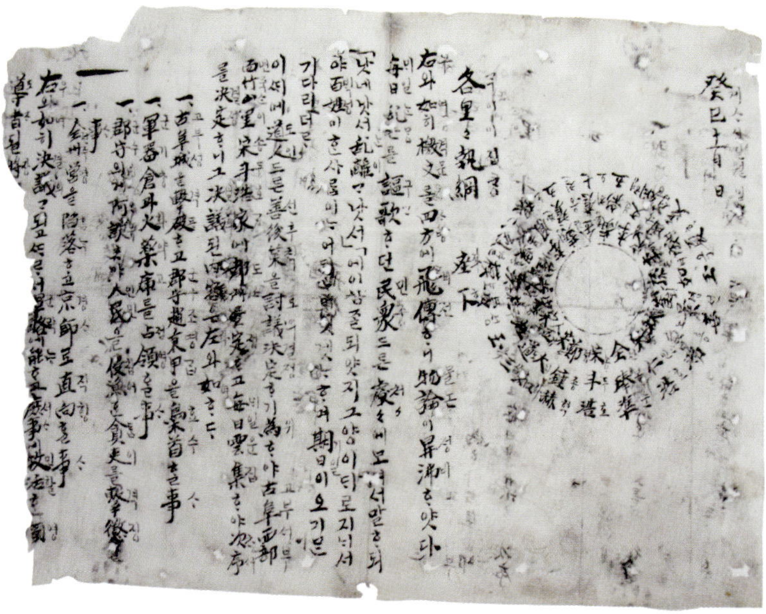

그림 27 | 사발통문(동학농민혁명기념관 소장): 보통의 통문은 종이의 오른쪽에서 왼쪽으로 내용을 적고 그 후 이름을 차례로 쓰지만, 여기에서는 주모자가 드러나지 않게 한 점이 특징이다.

딸　그런데 어떤 사람들이 적혀 있는 거야?

아빠 전봉준이랑 아까 이야기했던 송두호 등 대부분 고부 사람들이었어. 그런데 최경선이랑 손여옥이라는 주변 태인과 정읍 사람도 포함되었어.

딸 아빠 그건 어렵다.

아빠 아니 아빠가 이야기하고 싶은 건 고부 사람들뿐만 아니라 주변 사람도 참여했다는 거야.

딸 그 사람들 다 피해를 본 거야?

아빠 뭐 그럴 수도 있는데, 대부분 이 사람들은 동학 교도였대. 아무래도 전봉준을 비롯해서 동학이 어려운 사람들을 위해서 나서는 거에 관심이 많으니까 그럴 수 있지.

딸 아빠 그런데 여기에 이름이 적혀 있으면 나중에 들켜서 큰일 나는 거 아냐?

아빠 그렇지 이게 밝혀졌으면 큰일 났겠지. 이게 원래 송두호의 후손이었던 송준섭이라는 사람 집 마루에 70여 년간 묻혀 있다가 1968년에 발견된 거야. 그리고 여기서 재미있는 거 있지?

딸 응. 동그라미 있고 사람 이름이 쓰여 있어.

✲ 사발통문의 결의 내용

一. 고부성을 점령하고 조병갑을 목베어 죽일 것.

一. 군기고와 화약고를 점령할 것.

一. 군수에게 아부하여 백성을 침탈한 탐리(貪吏 ; 탐욕스러운 관리)를 엄하게 벌할 것.

一. 전주감영을 함락하고 서울로 나갈 것.

「사발통문」의 내용을 대화체로 수정

아빠 맞아. 사발이라고 동그란 그릇을 가운데 놓고, 세로로 이름을 썼지, 그렇게 하면 이름의 순서가 정해지지 않아서 누가 주모자인지 알 수 없게 되는 거야. 그리고 사발통문에는 중요한 의미가 있어.

딸 그게 뭐야?

아빠 응. 이것은 동학농민군이 조직적으로 봉기를 계획하고 행동 목표까지 밝힌 문서라는 거지. 즉, 그냥 막 봉기를 일으킨 게 아니라 치밀한 계획을 세운 혁명이었다고 할 수 있는 증거가 되는 거거든. 그러니까 학교에서 배울 정도로 의미가 매우 깊지.

딸 그럼 사발통문까지 썼으니까 바로 조병갑을 쫓아냈어?

아빠 아니. 바로는 아니야. 원래 그렇게 세력을 모은 다음에 바로 처리하려고 했는데, 11월 말에 조병갑이 갑자기 익산군수로 발령이 난 거지.

딸 그럼. 다른 사람이 새로 오는 거야?

아빠 그렇지. 그러니까 일단은 상황을 지켜보게 된 거야.

딸 그런데 왜 동학농민혁명이 일어나?

아빠 다음 해인 1894년 1월에 익산에 간 줄 알았던 조병갑이 다시 돌아오기로 결정된 거야.

딸 와~ 진짜. 아니 대체 왜? 그게 가능해?

아빠 그러게 말이야. 조병갑 입장에서는 꿀단지 같은 고부를 떠나기 싫었겠지. 백성들에게 억지로 만석보까지 만들었으니까. 그래서 안 가려고 전라 감사 김문현 등에게 뇌물을 보냈어. 그리고 그의 가문이 양주 조씨라고 잘 나가는 세도가 있는 집안이어서 그런지 그 후임들이 하나같이 안 가겠다고 한 거야. 무려 6명이나 그렇게 했지.

딸 진짜 권력이 너무 강해도 이런 문제가 있구나.

아빠 심지어 전라 감사 김문현은 정부에 연말이라 세금을 올려 보내야 하는데 이런 중요한 시기에 수령을 교체하면 일이 잘 안 되니까 교체하지 말라고 부탁까지 해. 그러니까 전봉준이랑 고부 사람들이 화나겠지?

딸 응. 완전 화나.

아빠 그래서 고부 사람들이 조병갑을 몰아내기로 결심한 거야. 해가 바뀐 1894년 1월 10일 밤, 바로 여기 말목장터에 모였어.

그림 28 | 말목장터와 감나무(정읍시 이평면 두지리): 안내판과 2004년에 새로 심은 감나무가 서 있다. 이곳은 동학농민혁명의 최초 집결지라는 의미가 있다.

딸 오~ 지렁이도 밟으면 꿈틀한다더니…

아빠 그러게 말이야. 사실 방금 아빠가 말한 게 사람들에게 알려진 거고, 어떤 사람은 조병갑이 오기 전에 말목장터에 모였다고 하는 사람들도 있어.

딸 아 복잡해.

아빠 그러니까 이게 중요한 게 아니고 어쨌든 말목장터에서 모였다는 게 중요한 거야.

딸 알겠어. 그런데 왜 여기에서 모여?

아빠 여기는 가까이 부안, 태인, 정읍으로 가는 길목에 있는 장터로 사람들이 왔다 갔다 하기에 좋은 교통이 편리한 곳이거든. 그래서 여기 말목장터에는 이것을 기념하는 안내판이 이렇게 있는 거야.

딸 아빠 그런데 설명이 어려워. 배들평야는 뭐야?

아빠 응. 자세한 설명이 없어서 어려웠구나? 여기가 지도에서도 봤지만 바다하고 가깝잖아? 그래서 동진강을 타고 배가 이 지역까지 들어왔대. 그래서 배가 들어오는 평야라고 해서 배들평야라고 했대. 그런데 설명문에는 '이평(梨坪)'으로 쓰여 있어. 배나무 '이', 들 '평' 즉, 배나무 평야라는 거지. 이건 일제 강점기에 일본 사람들이 이 지역에 대해서 잘못 이해하고 한자로 지명을 쓰는 과정에서 나온 거라고 그래. 그러니까 이평이라는 지명보다는 '배들'이라는 말이 훨씬 적합하다고 할 수 있지.

딸 와. 아빠는 어떻게 그런 걸 다 알아?

아빠 서현이가 잘 모르는 것 같은데, 아빠 역사 박사님이잖아.

딸 맞아 아빠가 그거는 잘하지. 그런데 몇 명이나 사람이 모였어?

아빠 정확하지는 않아 어떤 사람은 수 천 명, 어떤 사람은 1천 명의 농민군이 모였다고 해.

딸 그 정도면 많은 거야?

아빠 이런 봉기를 할 때는 성인 남자들만 모였을 텐데, 많은 거야.

1894년은 아니지만 30년 전 고부군의 인구, 경작지, 세금, 지리 등을 종합한 책이 있어. 그 책을 보면 당시 동학농민혁명이 시작된 고부라는 곳에 대해서 파악할 수 있는 거야.

딸　그게 뭔데?

아빠　『고부군읍지』라고 1863년에 만든 거야.

딸　근데 왜 그렇게 옛날 것을 봐? 동학농민혁명이 일어날 때 것을 봐야지?

아빠　네 말이 맞아. 당연히 그때 당시 책을 봐야지. 그런데 옛날에는 지금처럼 매년 이런 걸 조사하지 않아. 그리고 그때에도 조사는 했지만 이걸 책으로 만드는 건 몇 년 혹은 몇십 년에 한 번씩 하거든. 1894년 당시의 고부군에 대해서 알 수 있는 가장 가까운 시기의 책이 바로 1863년에 만들어진 책이야.

딸　아~ 어쩔 수 없구나.

아빠　어쨌든 다시 이야기로 돌아와서 1863년에 고부군의 인구가 28,651명이었어. 그중 남자가 11,767명이었거든. 그중 노약자를 빼면 1만 명이 조금 안될 거야. 그런데 수 천, 적게 잡아도 1천 명이 참여했다는 거는 상당히 많은 사람들이 참여했다는 거지.

딸　아~ 어렵기는 한데, 무슨 말인지는 알겠어.

아빠　그렇지. 이렇게 많은 사람이 참여했다는 것은 조병갑이 진짜 싫었거나 전봉준의 지도력이 대단했다는 말이기도 해.

딸　그렇구나. 아마 두 가지가 모두 합쳐졌으니까 그랬겠지?

아빠　오~ 많이 예리해졌는데?

딸　그래서 어떻게 되었어?

아빠 암튼 이 말목장터에서 사발통문에 쓴 것처럼 농민군 1천여 명이 고부 관아를 공격해.

그림 29 | 고부관아 터(정읍시 고부면 고부리): 지금은 고부관아가 철거되고 고부초등학교가 있다. 옆에 고부 향교 건물이 보인다.

그림 30 | 고부초등학교 교문 입구에 고부관아터에 관한 설명이 쓰여 있다.

딸 조병갑 잡았어?

아빠 아니, 눈치가 빠른 건 지 도망갔어. 대신 농민군이 관군의 무기를 빼앗고, 억울하게 잡혀 있던 죄수들을 풀어주고, 창고를 열어서 빼앗긴 곡식 등을 되찾아서 농민들에게 나눠주지.

딸 잡아야 했는데, 아깝다.

아빠 그러니까 말이야. 이걸 고부 봉기라고 그래.

딸 아빠. 아까부터 봉기는 뭐야?

아빠 아. 이거 몰랐구나. 벌 '봉(蜂)', 일어날 '기(起)'자로 농민들이 벌떼처럼 일어났다는 거야. 그리고 보통 'ㅇㅇ봉기'라고 하는 데 그건 ㅇㅇ에는 지명 즉, 땅 이름이 들어가는 거야. 그러니까 고부에서 사람들이 벌떼처럼 일어났다는 뜻으로 쓰인 거야.

딸 오~ 그렇게 하니까 어렵지 않네.

아빠 응. 그런데 고부 봉기가 일어난 가장 직접적인 원인이 뭐였지?

딸 음~. 만석보를 만들어서?

아빠 그렇지. 조병갑도 도망가고, 관아도 접수했으니까 사람들이 어딜 가겠어?

딸 만석보?

아빠 맞아. 만석보를 때려 부숴버리지.

그림 31 | 만석보 혁파 선정비(정읍시 이평면 하송리): 동학농민혁명 당시 만석보의 일부만 철거되었고, 1898년에 고부군수로 부임한 안길수가 나머지를 철거하였다. 이에 마을 주민들이 세운 것으로, 만석보로부터 약 1.5km 떨어진 예동마을에 있다.

딸 속 시원하겠다. 그런데 그걸로 끝이야? 너무 짧은데?

아빠 아니 이걸로 끝이면 교과서에도 안 나오고, 우리가 배우지도 않았겠지. 이제 시작이야 기다려. 일단 열흘 간 폐정, 즉 잘못된 정치를 바로 잡은 후에 해산했어. 자 이 일은 비밀리에 이루어졌겠지?

딸 아니. 어떻게 그래? 여기저기에 다 소문났겠지.

아빠 맞아. 조선 정부에서도 이 사실을 알게 되었지. 그럼 이 사건의 원인이 누구 때문이야?

딸 조병갑.

아빠 그럼 조선 정부에서 '에구 불쌍한 우리 조병갑이 너는 농민군에게 호되게 당하고 고생했으니 좀 쉬어.~' 이랬겠지?

딸 말이 돼? 당연히 혼내줘야지.

아빠 그렇지. 그래서 조선 정부는 일단 조병갑을 관직에서 쫓아냈어. 그리고 대신 다른 사람을 군수로 보냈지, 바로 당시 용안 현감이었던 박원명이야. 용안은 지금의 익산시 용안면 일대로, 고부와 비교적 가깝다고 할 수 있지. 새로 군수로 온 박원명은 성격이 원만했나 봐. 오자마자 사람들을 위로하고 '그러지 마라. 여러분들의 마음 다 안다. 앞으로는 주의하겠다.' 등 이런 말로 달랬어.

딸 이 사람은 좀 낫네. 사람들 화가 풀렸겠어.

아빠 응. 그러니까 사람들이 자연스럽게 해산한 거야. 그런데 조선 정부에서는 장흥 부사였던 이용태라는 사람을 안핵사로 파견해서 이제까지의 사실을 조사하게 했어.

딸 아빠 안핵 뭐?

아빠 안핵사(按覈使)라고 살필 '안', 조사할 '핵', 관리 '사' 합쳐봐.

딸 살피고 조사하는 관리?

아빠 응. 거의 비슷하지. 조선 후기에 지방에서 사건이 일어나면 이걸 해결하기 위해서 중앙 정부에서 임시로 관리를 파견하는 거야.

딸 어렵다.

아빠 무슨 말이냐면, 각 지역에서 봉기가 일어나면 정부에서 '백성들이 아무 이유 없이 봉기를 일으키지는 않았을 거 아냐?'라는 생각을 한 거야. 그래서 안핵사라는 관리를 파견해서 왜 그런 일이 일어났는지 파악하는 거야.

딸 나름대로 합리적인 제도였던 거네?

아빠 그렇다고 할 수 있지.

딸 응. 이제 알겠어. 그럼 잘 해결되었겠네?

아빠 아니. 안타깝게도 그렇지 않아. 이용태는 관리의 입장에서 이 일을 해결하려고 한 거야. 아까 새로 온 군수 박원명이 앞으로 잘 지내보자고 했잖아? 그랬더니 이용태가 농민군이 다 해산한 뒤에 와서는 '뭐 하는 짓이냐? 봉기의 주모자를 찾아내라.' 하면서 봉기에 참여한 농민과 가족을 잡아가거나 죽였어.

딸 뭐야. 더 화나.

아빠 그러게 말이야. 물론 고부농민봉기도 다른 지역과 같이 고부라는 지역에 한정되기도 했어. 그래도 고부농민봉기는 그동안 조선에서 일어난 농민봉기와 다른 모습을 보였어.

딸 어떻게 다른데?

아빠 다른 데는 그냥 관리를 두들겨 패고, 쫓아내거나 곡식을 다시 가져온다던지 했어. 그런데 여기에서는 사발통문에서 본 것처럼 서울까지 가서 부정부패한 관리들을 쫓아내겠다는 의지가 담겨 있잖아. 즉, 전봉준 장군 등 주요 지도자들이 치밀하게 준비한 봉기이자 이것 때문에 후에 동학농민혁명으로 확산된 거였어. 그 자체만으로도 큰 의미가 있다고 할 수 있어.

딸 응. 그러니까 시작은 조병갑 때문이었지만, 고부농민봉기로 뒤에 동학농민혁명이 일어난 원인이라서 중요하다는 거구나. 잘 알겠어. 아빠.

5장

—

승승장구.
1차 농민봉기

5장

승승장구. 1차 농민봉기

1) 무장봉기

아빠 이번에는 본격적으로 동학농민혁명으로 발전했던 무장으로 갈 거야.

딸 무장? 저번에 간 것 같은데?

아빠 맞아. 작년에 무장읍성이랑 갔었어. 이제 많이 커서 기억하네.

딸 응. 그런데 왜 무장에 가?

아빠 고부농민봉기 후에 안핵사로 사건을 정리하러 이용태라는 사람이 왔다고 했지?

그림 32 | 무장읍성(고창군 무장면 성내리):
무장봉기때 이곳을 먼저 점령하면서 혁명의 깃발을 올렸다.

딸 응. 나쁜 사람이야. 사람들 괴롭히고...

아빠 그렇지? 그러니까 전봉준 등의 지도부는 일단 가까운 무장으로 피신해 있었어. 여기에는 손화중이라고 유명한 동학 접주가 있었어. 이 사람이 무장 지역에서 동학교도들을 많이 데리고 있었거든.

딸 왜?

아빠 음. 그러려면 손화중에 대해서 이야기를 해야 하는 데..... 그래 먼저 하자. 어차피 손화중도 되게 중요한 사람이거든.

딸 중요한 사람이면 해줘야지.

아빠 뭐야. 완전 당당한데?

딸 아빠 찬스잖아.

아빠 그래 아빠 찬스 써라. 손화중은 원래 정읍에서 태어났다고 해. 1861년 생으로 전봉준보다 6년 정도 늦게 태어났어.

딸 전봉준보다 동생이네.

아빠 뭐 그렇게 볼 수 있지. 그런데 오히려 옛날에는 나이를 엄청 따지지 않았어. 그 유명한 오성과 한음도 엄청 친한 친구의 대명사잖아?

딸 오성이 이덕형인가?

아빠 오성이 이항복이고, 한음이 이덕형이야. 둘은 임진왜란 때쯤에 높은 관직에 있었던 사람이야. 어쨌든 그 둘은 이항복이 5살이나 많은데도 엄청 친한 친구로 유명한 거잖아. 그런 것처럼 꼭 나이차이가 있다고 해서 무조건 형, 동생이 되는 건 아니었어.

딸 옛날이 더 쿨하네? 우리는 한 살 차이만 나도 언니인데...

아빠　맞아 너 어릴 때 놀이터에서 동생들 만나면 몇 살이냐고 물어봤었...

딸　쓸데없는 말 하지 말고 손화중 이야기나 해!!

아빠　알겠어. 손화중은 전봉준하고 달리 그래도 좀 먹고살 만한 집에서 태어났어. 아마 혁명에 참여하지 않았다면 넉넉하게 세상 큰 어려움 없이 살았을 거야.

딸　그런 사람이 왜 동학을 믿어?

아빠　응. 운명이었나 봐. 손화중이 6살 많은 고홍 유씨하고 결혼해서 아들도 4명이나 뒀어.

딸　능력자네 6살 연상하고 결혼하고.

아빠　옛날에는 연상하고 결혼하는 사례가 많았어. 암튼 고홍 유씨네 집도 정읍에서는 꽤 잘 사는 집안이었대.

딸　그런 게 있어?

아빠　응. 조선시대에는 좀 잘 사는 집이 많지 않다 보니까 그 가문이 유명한 거야. 그렇게 정읍에서 유명한 집안이 손화중의 집안인 밀양 손씨, 고홍 유씨, 탐진 안씨 정도였어.

딸　그럼 엄청 잘 사네? 양반 아니야?

아빠　양반은 양반인데... 이게 또 정확히 이야기하기 힘들어. 전에 이야기한 것처럼 양반이라고 다 똑같은 양반이 아니야. 예를 들어서, 서울에서 계속 과거에 합격하면서 많은 재산을 가지면 권반이라고 해. 지역에서 과거 시험에 가끔 합격하고 그런 사람들도 있는데... 지역에서 전에 과거 시험에도 합격했었고, 잘 살기는 하는데 후손들이 과거에 합격하지 못하면 점점 양반이라고 부르기 애매해지는 상황이 되기도 해. 전봉준 같은 경우가 그 보다 더 못하게 몰락해서 가난해지기까지 하고.

딸 그래서 손화중의 집안은 양반이야?

아빠 그러니까 가난하지는 않았지만 그 집안이 과거에 합격하지 못해서 세력이 좀 약해지는 상황이었던 거지.

딸 그럼 안 좋은 건가?

아빠 그래도 재산은 좀 있는 먹고살만한 집이었던 거야. 지금으로 치면 중산층 이상은 되는 거지.

딸 그럼 편하게 살 수 있겠네.

아빠 그러니까 그렇게 살 수 있는데, 당시 사회가 엄청 혼란하잖아. 이양선도 나타났고, 각지에서 민란도 일어나고, 미국과 프랑스 등이 쳐들어오고, 강화도 조약을 맺으면서 일본의 침략이 본격화되고...

딸 아~ 아빠 그런 이야기까지는 하지 마 머리 아파. 그냥 혼란스러웠다는 거잖아.

아빠 와~ 아빠가 역사 선생인데 너무하는 거 아냐? 그러니까 쉽게 이야기하려고 하는데...

딸 아빠. 그런 건 나중에 수업시간에 배울게. 지금 동학이야기 하는데 그런 것까지 하면 이해가 안 되니까 그냥 핵심 내용만 이야기 해.

아빠 그래 알겠어. 암튼 그런 시대 상황에서 뭔가 끓어오르는 게 있었겠지. 그러다 결혼 한 뒤에 처남 즉, 아내의 남동생인 유용수라는 사람을 따라서. 참 유용수 같은 사람은 안 외어도 돼. 그냥 처남을 따라서 이 정도만 알면 훌륭한 거야.

딸 알겠어. 그럼 그런 사람들을 말하지 마.

아빠　헐~ 오늘 너무 당당하게 요구사항이 많은데? 어쨌든 손화중은 처남을 따라서 지리산 청학동에 들어갔다가 동학에 입도하게 되었대. 거기서 큰 감명을 받았나 봐. 그래서 일단 고향인 정읍으로 와서 포교하다가 여기 무장에 포교하는 장소를 만들어서 활동을 했대.

딸　활동만 하는 데 사람을 많이 모아?

아빠　그러게? 기록이 없어서 정확히 알 수는 없는데, 사람들이 하는 이야기가 전설처럼 남아 있는 걸 가지고 이야기할 수밖에 없어. 손화중 사진 한 번 볼래?

그림 33 | 손화중

그림 34 | 김개남

딸　(스마트폰으로 검색 후) 아 이렇게 생겼구나.

아빠　응. 무섭게 생겼지?

딸　아니. 그냥 아저씨인데? 무섭지는 않아. 김개남 아저씨가 무섭게 생겼어.

아빠 헉~ 그래 그런 걸 인상이 온화하다고 하는 거야. 실제로 손화중은 인상이 부드럽고 설득력이 아주 뛰어났대. 실제로 그가 동학농민혁명 기간에 보여준 모습을 보면 사람들의 평가와 같이 온건해. 싸우는 것보다 대화로 풀려고 하고 이런 점들이.....

딸 아빠. 나 관상 볼 줄 아나 봐.

아빠 그래. 새로운 재능을 발견했네. 어쨌든 인상만 좋다고 사람들이 따르는 건 아니겠지. 결정적으로 유명한 이야기가 있어. 그걸 하려면 선운사에 가야 해.

딸 선운사 갔었는데?

아빠 맞아. 거기 가면 부처님이 큰 바위에 새겨져 있었는데 봤지?

딸 봤던 것 같아.

아빠 바로 그 도솔암 주변에 있는 미륵불상 이야기야.

딸 무슨 이야기야? 해 줘.

아빠 응. 도솔암 근처에 가면 커다란 바위에 새겨진 미륵불상이 있어. 이러한 형태, 즉 바위를 깎아서 만든 불상을 마애불(磨崖佛)이라고 해. 갈다 '마', 절벽 '애', 부처 '불'. 그런데 도솔암 마애불 배꼽 주변을 보면 사각형의 구멍이 파져 있어.

딸 진짜 배꼽이야?

아빠 뭐 위치가 그렇다는 거지. 그런데 전해지는 이야기에 의하면 여기에 비결(秘訣)이라는 게 있었다는 거야.

딸 비결이 뭐야? 공부 잘하는 비결?

아빠 아니. 여기서 비결은 미래의 모습을 암시하거나 길흉화복을 예언하는 비밀스러운 책이야. 길흉화복이란 좋은 것을 의미하는 길함과 나쁜 것을 의미하는 흉함, 불길함과 복스러움을 이야기하는 데, 인간 세상에 있는 모든 좋은 것, 나쁜 것, 재앙과 복을 전부 합쳐서 하는 표현이야.

딸 음. 뭔가 신비로운 책이네? 미래까지 알 수 있으니까?

아빠 그렇다고 할 수 있지. 그러니까 사람들이 이 책을 보고 싶겠어? 안 보고 싶겠어?

딸 당연히 보고 싶지. 나 같아도 본다.

그림 35 | 선운사 도솔암 마애불(고창군 아산면 삼인리):
가운데 배꼽 부분에 비기가 있었다고 한다. 선운사에서 걸어서 20분 가량 올라가면 위치한다.

아빠 그렇지? 더욱이 이런 게 있으면 소문이 소문을 낳고, 이야기가 더 보태지거든. 그래서 이 책에는 세상을 바꿀 내용이 있다고까지 소문이 난 거야. 대신 '꺼내는 순간 벼락이 칠 거다'라는 말도 있었대. 그러니까 사람들이 보고 싶기는 한데, 볼 엄두가 나겠어? 벼락 맞아 죽을지도 모르는데?

딸 그럼 난 안 봐. 사는 게 중요하지. 그거 보다가 죽으면 어떻게 해?

아빠 그런데 1820년에 전라 감사로 온 이서구라는 사람이 담력이 컸나 봐. 이 소문을 듣고도 꺼내려고 했다는 거야. 문제는 이서구가 꺼내는 순간 갑자기 천둥 번개가 치고 난리가 난 거야. 얼마나 무섭겠어?

딸 와~ 완전 무섭겠다.

아빠 응. 그러니까 이서구가 깜짝 놀라서 집어넣었대. 그런데 꺼내는 순간에 잠깐 맨 앞에 써있는 글만 봤대. 그랬더니 거기에는 '이서구가 열어본다.'라고 있었다는 거야.

딸 헐~ 대박.

아빠 믿을 수는 없지만, 이랬다니까 사람들이 놀라서 더 꺼내볼 엄두도 못 냈지. 그럴수록 도솔암의 비결 내용이 더욱 신비하게 소문이 나고 말이야.

딸 그러게 내가 볼 수는 없지만 보고 싶은 마음이 생기겠다.

아빠 응. 그런데 손화중은 이 소문을 듣고 자신이 꺼내보겠다고 용기를 낸 거지. 그리고 직접 이 비결을 꺼냈대.

딸 와~ 대단하다. 손화중 멋있어 아빠.

아빠 응. 그러면 이 소문이 나겠어? 안 나겠어?

딸 당연히 소문이 퍼지겠지?

아빠 맞아. 그래서 온 동네에 손화중이 꺼냈다고 소문이 난 거야. 그런데 이 소문이 무장 관아에도 전해졌지. 그럼 이건 어찌 보면 절도죄잖아? 그래서 관청에서는 손화중과 같이 갔던 사람들을 잡으려고 했대.

딸 잡혔어?

아빠 아니 같이 갔던 사람들은 잡혔지만, 손화중은 도망쳐서 잡히지 않았대. 그러니까 이 소문은 더 빠르게 퍼져나갔고, 사람들은 손화중이 뭔가 있는 사람이라고 여기고 더 존경하게 되었다는 거야.

딸 왜?

아빠 잡히지도 않았고, 비결을 얻었기 때문에 손화중이 새로운 세상을 열 것이라는 희망이 있었다는 거야. 그게 동학의 후천개벽 사상과 맞아떨어지면서 말이지.

딸 아. 그렇구나. 나 같아도 손화중을 믿을 것 같아. 그래서 손화중이 많은 동학교도들을 거느리고 있었구나?

아빠 그래서 매천 황현이라고, 구례에 살던 조선말의 지식인이 지은 책이 있어. 거기에 '백성은 장터에 가듯이 동학으로 몸을 의탁했고 우도에서 좌도의 골짜기에 이르기까지 동학도가 없는 곳이 없었는데 그 무리가 수십만이나 되었다.'라고 썼어.

딸 진짜 수십만이나 되는 사람이 따른 거야?

아빠 아니 수십만은 과장된 표현이고 많다는 의미지.

딸 그럼 저 선운사 비결 이야기도 과장된 표현인 거야?

아빠 그렇지. 이 이야기가 진짜인지 아닌지는 알 수 없어. 아마 훗

날 만들어낸 이야기일 가능성이 커.

딸　에이 뻥이네 그럼.

아빠　그런데 이 이야기에 임팩트가 엄청 크잖아? 그래서인지 이 내용이 여러 기록에 남아 있어. 아빠가 이야기한 내용은 대부분 오지영이라는 사람이 쓴 『동학사』라는 책인데 거기에도 나오고, 동학농민혁명이 끝난 이후에 나온 책들에도 있어. 심지어는 천주교 제8대 조선교구장으로 왔던 뮈델이라는 사람이 수집했던 『동학문서』라는 책에도 나온단 말이야.

딸　그럼 진짜인가?

아빠　그건 알 수 없지. 진짜인지 아닌지는. 하지만 그만큼 많은 사람들이 이 이야기를 믿고 있었다는 거는 확실한 거야. 그리고 이런 이야기를 만들어서라도 손화중이 대단한 인물이었다는 걸 강조한다는 건 그만큼 그가 중요한 사람이라는 것을 알 수 있지.

딸　아! 그렇구나.

아빠　또 다른 기록에 의하면 백정이나 광대 등 천민 혹은 하층민들로만 구성된 특별한 접을 만들었다고 해.

딸　무슨 말이야?

아빠　아까 동학은 포접제를 만들었다고 했잖아? 그런데 거기에 일반 농민들뿐만 아니라 당시에 가장 하대 받고 있는 백정이나 광대 같은 사람들을 수용했다는 거지. 그 말은 사람이 곧 하늘이라는 동학의 사상을 그대로 적용한 거지. 그렇다면 나중에 나오는 개념인 폐정개혁안 중에 하나였던 신분해방과 관계된 거지.

딸 오~ 엄청 중요한 거구나.

아빠 암튼 이런 이야기들도 있어서 손화중이 정말 유명한 사람이 되었고, 그 세력이 엄청 커 진거야. 그래서 가장 많은 교도를 보유하고 있다는 평가를 받은 거야. 실제로 앞에 봤던 삼례집회와 보은집회에도 많은 교도를 동원했었다고 해. 특히, 보은집회 이후에 손화중은 무장, 김개남은 남원에 그 근거지를 만들었다고 해. 옆으로 많이 빠지기는 했는데, 전봉준이 무장으로 피신한 이유는 알겠지?

딸 응. 완전 이해가 잘 돼.

아빠 그래도 무장이 고부랑 가까운 동네니까 이용태가 나쁜 짓을 하는 게 소문이 돌 거 아냐?

딸 그렇겠지? 다 알게 될 거 같아. 발 없는 말이 천리 가잖아.

아빠 오~ 우리 딸 이제는 속담도 적재적소에 사용하는데? 맞아. 그러니까 전봉준 등 지도부는 죄책감에 견딜 수 없었나 봐. 어찌보면 자기가 주도했는데, 자기들은 도망가고 다른 사람들만 피해를 보는 거잖아. 얼마나 가슴이 아팠겠어?

딸 그러게 완전 미안할 거 같아.

아빠 원래 손화중은 아직 전면적으로 봉기를 일으킬 때가 아니라고 전봉준 장군의 말을 따르지 않았었대. 하지만 전봉준 장군이 끈질기게 설득해서 같이 참여하기로 했어.

그림 36, 37 | 무장 기포지(고창군 공음면 구암리 구수마을):
아홉 개의 물줄기가 이 마을로 흘러 구수 마을이라고 한다.

딸 아 그래? 나름 평화주의자였네?

아빠 결국 그해 3월 전봉준 등이 바로 여기 무장에서 손화중, 김개남, 최경선 등과 함께 농민군을 일으켰어. 그러고 나서 무장 관아를 차지해.

딸 아 그래서 고부에서 여기로 온 거였구나?

아빠 어때? 말로만 설명을 듣는 것보다 직접 지도를 보고 와서 보니까 잘 이해되지?

딸 응. 완전 이해가 잘 돼.

아빠 무장이 중요한 게 또 있어. 여기서 전봉준, 손화중, 김개남 등이 포고문을 발표했거든? 이게 그 유명한 '무장포고문'이야. 저기 안내판 한 번 읽어볼래?

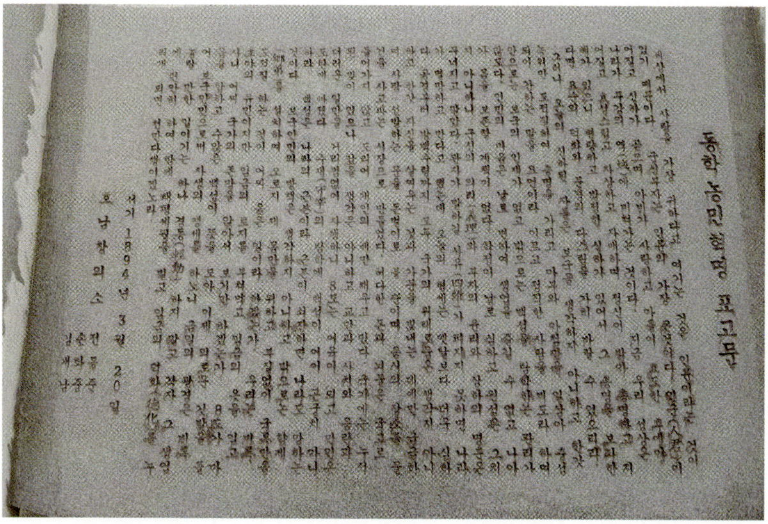

그림 38 | 무장포고문: 고부 봉기 이후 전봉준과 김개남, 손화중을 중심으로 한 농민지도부가 무장에서 재봉기 하면서 발표한 글이다. 무장봉기를 일으키는 이유를 잘 드러낸 글로 동학 농민 혁명의 성격과 의의를 상징적으로 보여준다.

딸 아빠. 어려워.

아빠 여기서 중요한 점은 무장봉기를 일으킨 점이 잘 요약되어 있다는 점이야. 포고문에는 탐관오리(貪官汚吏)를 쫓아내고 보국안민을 위해 일어서자는 내용이 담겨 있어.

딸 아빠. 오늘 왜 이렇게 어려워?

아빠 탐관오리는 탐할 '탐', 관리 '관', 더러울 '오', 관리 '리'자야. 합치면?

딸 탐하는 관리? 더러운 관리?

아빠 말 그대로하면 그런데, 뜻이 안통하지? 여기에 좀 더 설명을 하면 재물을 탐하고, 행동이 깨끗하지 못한 관리를 말하는 거야. 즉, 뇌물 받고, 부정부패한 관리를 말하는 거지. 이걸 나중에 한국사 교과서에 나오는 말로 제폭구민(除暴救民)이라고 해. 없앨 '제', 포악할 '폭', 구할 '구', 백성 '민' 즉, 포악한 것을 없애고 백성을 구한다는 뜻이야.

딸 아~ 맞아. 이거 책에서 본 거 같아.

아빠 응. 많이 나오는 표현이니까 잘 알아둬.

딸 보국안민(輔國安民)은 뭐야? 「녹두꽃」에서 본 것 같은데?

아빠 맞아. 「녹두꽃」에 사람들이 깃발을 들거나 뒤에 글씨가 있었어. 관찰력 좋은데? 이건 도울 '보', 나라 '국', 편안할 '안', 백성 '민'이야. 합치면 무슨 뜻이지?

딸 나라를 돕고 백성을 편안히 한다?

아빠 정답. 이제 완전 도사 됐네...

딸 응. 나 이제 좀 잘 이해하는 거 같아.

아빠 자 그럼 제폭구민과 보국안민이라는 구호가 나왔단 말이야. 그럼 전 보다 뭔가 더 새롭고, 큰 개념이 나왔지?

딸 응. 뭔가 더 알기 쉬운 거 같아.

아빠 이것 때문에 동학농민혁명의 성격과 의의가 잘 드러난다고 할 수 있지. 이제 고을 단위의 고부봉기 보다 더 큰 개념으로 바뀌게 된 거야. 이제는 조선 정부에 대한 확실한 저항을 보여주는 의미를 가지고 있는 거야.

딸 어렵긴 한데, 진짜 중요하네.

아빠 드디어 이때부터 전봉준 장군이 대장을 맡고, 여기(구수마을)에서 모여서 농민군을 훈련시키면서 재봉기를 위한 준비를 했어.

딸 준비가 잘되었어?

아빠 3월 16일에 훈련을 시작했는데, 20일에 이르면 여러 지역에서 많은 사람들이 합류해 가지고 4천 여 명까지 늘어났다는 거야. 그래서 드디어 아까 봤던 '무장포고문'을 읽고 무장읍성을 먼저 점령했지.

딸　아빠 이 무장읍성은 성이 되게 잘 남아 있어~

아빠　맞아 다른 성들은 거의 다 일제 강점기에 일제가 파괴했는데 다행히 여기는 파괴되지 않고 비교적 원형(원래의 형태)이 잘 남아 있어. 그래서 국가에서 관리하는 문화유산인 사적이 된 거야. 매우 중요한 거지.

딸　무장읍성에서 끝내진 않은 거지?

아빠　동학농민군이 왜 군대를 다시 일으켰지?

딸　이용태 때문에.

아빠　그럼 어디로 가야 해?

딸　고부로 가야지.

아빠　그래서 가는 길에 있는 고창, 홍덕을 거쳐서 고부 관아로 진격해서 함락시켰어.

딸　이용태 잡았어?

아빠　아니. 이용태도 재빨리 전주로 도망가서 못 잡았어. 농민군은 총이랑 탄약 같은 무기를 챙기고 곡식을 백성들에게 골고루 나누어 줬다고 해.

딸　맨날 나눠만 주네. 괴롭혔던 사람들은 안 혼내줘?

아빠　당연히 혼내주지. 이용태에게 협조했던 관리들을 찾아내서 처형했대.

딸　정의구현이네.

아빠　뭐 그렇게 볼 수도 있나? 어쨌든 무장에서 전봉준이 다시 농민군을 일으켰잖아? 즉, 다시 동학농민혁명의 불꽃이 당겨 진거야. 그래서 아까 이야기한 것처럼 어떤 사람들은 진정한 의미의 동학농민혁명은 바로 이 무장에서 시작되었다고 보는 사람들도 있어.

딸 아. 그럼 무장봉기도 정말 중요한 사건이구나?

아빠 그렇지. 무장봉기는 작게 보면 제1차 봉기의 시작점이 된 사건이라고 할 수 있어.

2) 백산대회

아빠 자 이번에는 조금 멀리 부안 백산으로 가 볼까?

딸 갑자기 부안은 왜 가?

아빠 왜냐하면 원래 고부 관아를 함락시킨 뒤에 전주로 가려고 했는데, 전라감영에서 군사 1만 명 정도를 보낸다는 소문이 난 거야.

딸 1만 명이나?

아빠 물론 전라감영에 그 정도 군대는 없으니까 소문일 거야. 그래도 정식 군대가 온다니까 얼마나 긴장되겠어? 그래서 농민군은 일단 고부에서 가까운 부안의 백산으로 가거든.

딸 왜 거기로 가?

아빠 무장에서 봉기했는데, 그 동네 사람들만 봉기하면 별 효과가 없잖아. 그런데 좀 전에 아빠가 무장이 제1차 봉기의 시작점이라고 했잖아. 이 말은 다른 지역 사람들도 여기에 동의하고 힘을 합쳤다는 말이야. 이후 주변에 있는 고창·흥덕·태인·정읍·김제·금구 등지 농민들의 호응을 받아서 한 군데에 모이는 거야.

딸　그게 지금 가는 곳이야?

그림 39 | 만석보에서 바라본 백산 (부안군 백산면 용계리)

그림 40 | 백산 정상의 동학정과 배롱나무 꽃

아빠　응. 지금은 부안군 백산면인 백산이라는 곳에 모였어. 여기는 산이라고 부르기에 되게 작지? 해발 47m 밖에 안 된다고 해.

딸　아빠 해발은 뭐야?

아빠　아 미안. 아는 줄 알았지. 해발은 바다의 표면을 기준으로 해서 잰 육지의 높이야. 그러니까 47m라고 해도 주변도 최하 몇 미터씩은 되니까. 그리 높아 보이지 않는 거야.

딸　응. 알겠어.

아빠　앞서 말목장터 때 이야기했던 중요한 배들평야가 한 눈에 들어오는 곳이기도 해. 그리고 만석보 쉼터에서 동진강을 바라보니까 진짜 배가 들어왔을 거 같지?(그림 39 참고)

딸　응. 충분히 들어왔을 거 같아. 그리고 여기서도 백산이 잘 보여.

아빠　그리고 백산은 일단 고부 관아와 가깝기도 하고, 부안·김제·고부·태인 등으로 통하는 교통의 요지야. 지금이야 부안군이지만, 그때는 고부군이었어.

딸 정말 중요한 곳이네?

아빠 맞아. 전봉준을 비롯한 농민군은 3월 26일에 여기에서 대회를 개최해. 이게 그 유명한 백산대회야.

딸 백산대회 들어본 거 같아.

아빠 맞아. 엄청 유명하거든. 암튼 농민군이 여기 부안 백산성에 와서 여기서 총대장에 전봉준이 올라. 정식 명칭은 동학무리의 대장 이라는 뜻의 동도대장(東徒大將)이야.

딸 오 뭔가 멋있네? 총대장만 있어?

아빠 아니 전라도 일대의 동학접주들 190명 정도가 자리에 오르는 거야. 총관령이라고 부대장에 김개남, 손화중, 총참모에 김덕명, 영솔장이라고 선봉장에 최경선 등을 임명하고, 부대를 확대 개편하면서 연합부대를 만들었어. 그런데 이 사람들 다 외울 수 없으니 그냥 아 저런 사람들이 있었구나 정도만 알고 있으면 상관 없어.

딸 얼마나 많은 사람이 모였는데?

아빠 정확히 알 수는 없어. 연구마다 달라서. 대략 오천 명쯤 되나봐.

딸 숫자가 많지 않네?

아빠 앞에서 몇 만 씩 이야기 했더니 스케일이 커졌네?

딸 그러니까 말이야. 흐흐~

아빠 그리고 농민군이 왜 이렇게 일어났는지를 보여주는 격문을 썼어.

딸 격문이 뭐야?

그림 41 | 동학혁명백산창의비

아빠　격문(檄文)은 어떤 일이 일어나면 많은 사람에게 널리 알리기 위해 쓴 글을 말하는 거야. 보통 의병을 일으킬 때 자주 쓰는 거야. 임진왜란이나 병자호란, 조선말에 일본이 우리나라를 침략할 때 같이 우리나라가 위험에 처했을 때 의병을 일으키면서 사람들에게 편지를 돌리는 거야.

딸　아~ 되게 훌륭한 거구나. 당시에 핸드폰이 없으니까?

아빠　그렇다고 할 수 있어. 그리고 4대 명의라고 어떤 대의명분으로 일으켰는지 우리 농민군이 어떤 일을 해야 하는지 등을 여기서 선포한 거야.

딸　뭔가 거창한데?

아빠　그러니까 이제 농민군은 본격적인 혁명군의 위상을 갖추었다고 볼 수 있어.

딸 그러게 멋있어.

아빠 농민군은 다른 지역에 사는 농민들의 봉기와 호응을 촉구했어. 이때 얼마나 많은 사람이 백산에 모였는지 그 유명한 '서면 백산, 앉으면 죽산'이라는 말이 나왔대.

딸 그게 무슨 말이야?

아빠 일단 이 산 이름이 백산인데, 조선시대 사람들은 흰 옷을 입었잖아? 이때가 음력 3월 말이니까 양력으로 4월 말쯤이야. 그러니 아직 풀이 많이 자라지 않았겠지? 흰 옷을 입은 사람들이 가득히 여기를 채웠단 말이야. 그때 사람들이 일어나면 산이 하얗게 보이는 거야. 반대로 사람들이 앉으면 대나무를 깎아서 창으로 만든 죽창을 들고 있으니 죽창만 보였다는 거야. 그래서 나온 말이야.

딸 아 그런 뜻이구나. 뭔가 멋있어. 혹시 「녹두꽃」에서 깃발 많이 들고 앉았다 일어섰다 했던 그거 아냐?

아빠 맞아. 아빠가 그때 백산대회라고 했는데.

딸 아빠. 내가 그걸 어떻게 기억해?

아빠 미안. 백산대회는 동학농민혁명의 전개 과정에서 가장 중요한 사건 중 하나야.

딸 왜?

아빠 여기는 고부봉기부터 전라도 일대의 동학농민군이 모일 수 있는 공간이 된 거야. 그리고 여기서 선언한 격문 등은 혁명군으로서 위상을 갖게 했어. 그리고 이후 전라도 일대를 점령하고 전주성까지 점령할 수 있는 시작점이라는데 의미가 있고, 혁명을 본격화했다고 할 수 있어.

격문(檄文)

우리가 의(義)를 들어 여기에 이르렀음은 그 본의가 절대 다른 데 있지 않고, 창생(蒼生: 백성)을 도탄(塗炭: 진흙과 숯이란 뜻으로 매우 고통스러운 상태) 중에서 건지고, 국가를 반석(盤石) 위에 두고자 함이라. 안으로는 탐학(貪虐)한 관리의 머리를 베고, 밖으로는 횡포하고 강한 도적(强賊)의 무리를 쫓아 내몰고자 함이라. 양반과 부호(富豪)의 앞에서 고통을 받는 민중과 방백(方伯)과 수령의 밑에서 굴욕(屈辱)을 당하는 소리(小吏 ; 아전)는 우리와 같이 원한이 깊은 자이라. 조금도 주저하지 말고 이 시각으로 일어서라. 만일 기회를 잃으면 후회하여도 돌이키지 못 하리라.

갑오년 정월 17일

호남창의소 재고부백산(在古阜白山)

사대명의(四大名義)

첫째, 사람을 함부로 죽이지 말고, 재물을 손상시키지 않는다.

一日不殺人不殺物

둘째, 충효를 함께 갖추어 세상을 구하고, 백성을 편안하게 하라.

二日忠孝雙全濟世安民

셋째, 일본 오랑캐를 몰아내고, 성인의 도리를 맑고 깨끗하게 한다.

三日逐滅倭夷澄淸聖道

넷째, 군사를 몰아 서울로 쳐들어가 권귀를 모두 없애며 기강을 크게 떨치고 명분을 바로 세워 성인의 가르침을 따른다.

四日驅兵入京盡滅權貴 大振紀綱 立定名分以從聖訓

딸 백산대회가 엄청 중요한 거구나.

아빠 그래서 「녹두꽃」 드라마 보면 많은 사람들이 각자 자기 동네에 이름을 가진 깃발을 들고 모인 거야. 아마 그건 백산이 여러 지역에서 참여했던 사람들이 모인 장소라는 것을 강조하기 위해서였다는 점을 보여주는 거라고 할 수 있어.

딸 응. 아빠 완전히 이해되었어. 고마워~

3) 황토현 전투

아빠 자 부안 백산에서 세력을 키운 농민군은 가까이 태인, 부안 관아 등을 차례로 차지했어. 처음에는 단순한 봉기인 줄 알았는데, 점점 농민군의 세력이 커지고 있었지? 그러니까 정치하는 사람들은 불안하겠어? 안 불안하겠어?

딸 완전 불안하지.

아빠 그렇겠지? 그럼 이 사건의 1차적 책임을 지고 있는 사람은 누구일까?

딸 글쎄? 누구지?

아빠 자 지금 사건이 일어나고 있는 곳이 어디지?

딸 부안, 고부, 무장…

아빠 그럼 여기가 다 무슨 도였지?

딸 전라도.

아빠 전라도에서 제일 높은 사람을 뭐라고 했지?

딸 전라 감사.

아빠 딩동댕. 그래 전라 감사가 1차적 책임을 져야겠지. 그래서 당시 감사였던 김문현은 농민군이 고부 등을 점령한 사실을 서울에 보고했어. 그리고 군대를 보내서 전주성을 지키도록 했고, 또 다른 부대를 금구로 보내서 농민군의 진격을 막으라고 했어. 이 관군은 무남영(武南營)이라는 군대인데 굳이 외울 필요 없고, 그냥 군대를 보냈다는 정도만 알아만 둬. 여기에 보부상들도 무기를 줘서 같이 보냈어.

딸 보부상은 뭐야?

아빠 옛날에는 차가 없잖아? 그럼 물건을 나르기가 힘들었겠지?

딸 당연히 힘들지.

아빠 예를 들어서, 전주에서는 쌀이나 부채 뭐 이런 것들은 많아. 그런데 생선 같은 해산물은 없단 말이야. 그렇다고 아예 안 먹을 수 없지? 그래서 보부상이라는 사람들이 직접 생선이 나오는 곳까지 간다던지, 아니면 해산물이 모이는 시장에 가서 쌀이나 다른 물품을 팔고, 여기로 가져오는 거야. 그 사람들은 여기서 생기는 차익으로 생계를 유지하는 거지. 그러니까 매일 등에 한가득 짐을 여기저기 다니면서 상품을 파는 사람인 거야.

딸 음. 보부상이 뭐 하는지는 알겠어. 그런데 군인이 싸우는 건 알겠는데 보부상은 왜 싸워? 자기들이 양반도 아닌데?

아빠 여기에는 복잡한 이유가 있어. 방금 말한 것처럼 보부상은 여기저기 다니면서 돈을 벌었단 말이야. 그런데 그걸 혼자만의 힘으로 하면 쉽지 않거든. 다른 사람들이 텃세를 부릴 수도 있고, 그러니 자연스럽게 조직을 만들게 되었어. 그리고 장사라는 것이 국가에서 어느 정도 편의를 봐주지 않으면 큰 이익을

낼 수가 없었어. 예를 들어서 큰 계약을 준다던지, 약간의 불법도 단속을 하지 않고 눈을 감아 준다던지. 이러면서 보부상 조직들은 알게 모르게 국가와 밀접한 관계를 맺은 거야. 게다가 이 사람들은 매일 걷는 게 일이고, 여러 지역을 다니니까 길도 잘 알고, 심지어 주막 같은 데에서 밥을 먹거나 자고 하니까 그 동네 정보도 잘 알 거 아냐? 그러니까 국가에서는 보부상까지 농민군을 공격하는 데 이용한 거야.

딸 보부상들도 불쌍하다.

아빠 그러게 그 사람들 중에도 아무것도 모르고, 싸우는 사람도 있을 거고, 자기의 이익을 위해서 싸우는 사람도 있었을 텐데 대부분은 높은 사람이 시키니까 싸웠겠지. 뭐 그런건 군인들도 비슷해. 그러니까 우리끼리는 최대한 싸우지 않아야 하는데.....

딸 아빠 그런데 아까 전라 감사가 보낸 군대랑 보부상이 왜 금구로 가? 백산으로 가야 하는 거 아냐?

아빠 아~ 금구는 정읍 등지에서 전주로 오는 길목에 있어. 당시는 금구현이라고 했는데, 지금은 김제시 금구면이야.

딸 오~ 아빠 이야기가 이어져.

아빠 응. 원래 역사적 사건은 다 연결되는 거야.

딸 와~ 신기하다.

아빠 한편, 농민군은 부안 관아를 점령하고 무기고를 열어서 무기를 갖추고 전주로 가려고 했어. 그런데 방금 전라 감사가 군대를 보냈다고 했지? 농민군도 관군이 온다는 정보를 듣게 되었어. 그래서 그 길을 바꿔서 부안과 고부의 근처에서 기다리고 있었어. 그러다가 저번에 갔던 신태인에 구마모토 농장 기억나?

딸 응. 오래된 건물? 일제강점기 농장이 있었다고 했던가?

아빠 맞아. 전주에서 정읍으로 내려오다 보면 동진강이 있고, 동진강을 건너기 위한 나루터가 바로 화호나루터라고 하는데, 거기서 처음으로 농민군과 관군이 싸워.

딸 누가 이겼어?

아빠 일단 농민군은 거짓으로 지는 척하면서 계속 남쪽으로 후퇴했어. 그러면서 황토현 방면으로 간 거야. 이게 음력 4월 6일이야. 이때도 농민군은 관군과 싸우는 척하다가 일부러 흩어져 도망갔어. 그런데 여기에는 크게 두 가지 학설이 있어.

딸 학설이 뭐야?

아빠 그게 학문에서 이야기하는 이야기. 즉, 학자들의 검증을 받은 거야. 그런데 여기에서는 어떤 게 진짜인지 알 수 없는 내용이라 아빠가 두 개 다 이야기하려고 해.

그림 42 | 화호리 구 일본인 농장 가옥(정읍시 신태인읍 화호리): 화호나루터 근처는 동진강을 낀 비옥한 토지였다. 일제강점기에 일본인이 대규모 농장을 소유하고 관리하였고, 이 일대에는 구마모토(雄本) 농장 가옥이 있어 수탈의 현장을 보여준다.

딸 그럼 해 줘.

아빠 먼저, 농민군 중 50명 정도가 남원에서 보낸 관군인척 하고 관군에 들어갔어. 날이 어두워지자 황토현에 머물고 있던 관군 안에 숨어 들어갔던 사람들과 밖에서 있던 사람들이 한 번에 공격한 거야. 그래서 다음 날 새벽 4시쯤에 크게 이겼대.

딸 두 번째는?

아빠 반대로 황토현에 머물고 있던 농민군을 관군이 공격했는데 농민군이 승리했다는 거야.

딸 뭐야 누가 황토현에 있었던 거야?

아빠 아빠도 잘 모르겠어. 그런데 어찌 되었든 간에 농민군이 크게 이긴단 말이야. 이때 이경호라는 관군의 장수도 잡아서 죽이고…

딸 대박. 그런데 이게 가능해?

아빠 아무래도 관군이 황토현 전투 전까지 계속 이기지? 관군은 원래 전문적으로 훈련도 받고, 총이나 대포 같은 신식무기를 가지고 있단 말이야. 그러니까 누가 봐도 관군이 이길 거라고 생각하지 않겠어?

딸 응. 당연히 관군이 이기지.

아빠 관군 입장에서는 계속 농민군을 이기고 온 거잖아. 그러니까 농민군을 너무 무시한 거야. '설마 군사 훈련도 제대로 받지 않고, 무기도 화승총이나 죽창정도밖에 없는 농민군에게 우리가 지기야 하겠어?' 이런 마음이었겠지. 그래서 황토현에 주둔할 때, 관군은 술도 먹고 너무 편하게 있었다고 해.

딸 헐~ 전쟁 중에 그렇게 해도 돼?

아빠 그러게. 관군이 너무 마음을 편히 놓고 있었던 거야. 사실 농민군은 이걸 노리고 있었던 거일 수도 있고 말이야. 그리고 전봉준은 날쌘 군사들을 뽑아서 보부상처럼 꾸민 뒤에 전투로 혼란한 틈을 타서 슬쩍 관군에 끼어들게 했어. 그리고 관군이 술 먹고 편하게 있다는 소식을 전했다고 해.

딸　와~ 대박.

그림 43 | 동학농민혁명 기념관에서 바라본 황토현(정읍시 덕천면 하학리)

아빠　그러니까 관군이 제대로 대응하지 못하고 혼란에 빠졌지. 이 기회를 틈타서 농민군이 관군 1,000여 명을 죽였다고 해. 그런데 많은 학자들은 이건 과장인 것 같고, 약 200명 정도가 죽거나 다쳤다고 보고 있어. 뭐 숫자가 중요한 건 아니야. 워낙 학자들마다 달라서. 학자들 이야기 나온 김에 어떤 사람은 황토현에서 관군이 먼저 농민군을 공격했다는 말도 있어. 그러니까 누가 공격했는지가 중요한 게 아니라 황토현 전투에서 농민군이 불리한 상황임에도 불구하고 이겼다는 게 중요한 거야.

딸　농민군이 싸움을 잘하네?

아빠　이게 엄청 대단한 거야. 훈련을 받은 군인과 일반 아저씨들이 싸워서 이긴 거잖아. 게다가 무기도 군인들이 훨씬 좋은데 농민군이 이긴 거야. 그러니까 농민군도 이제 자신감을 얻은 거야. '관군 무서운 줄 알았는데 우리한테 지네?' 뭐 이런 생각을 했겠지. 반대로 관군은 별거 아닌 농민군으로 여겼는데, 크게 당하니까 '우리가 질 수도 있겠다.'라고 생각한 거야. 실제로 관군과 전투에서 거둔 최초의 승리이기도 해.

딸 처음 이겨서 중요한 거야?

아빠 그렇지. 무기도 턱없이 부족한 농민군이 모두의 예상을 뒤엎고, 관군과 전투에서 크게 이겼으니까 이것 때문에 동학농민혁명이 전국으로 확산되는 계기가 만들어진 거라고 할 수 있어.

딸 아 중요하구나.

아빠 농민군이 이 전투에서 승리했기 때문에 세력을 확장하고, 후일 전주성까지 점령하는 등 전라도 일대를 차지할 수 있었던 거야.

딸 진짜 중요한 거구나.

아빠 그래서 어떤 사람들은 황토현 전투가 동학농민혁명의 첫 분수령이라고도 해.

딸 분수령(分水嶺)은 뭐야?

아빠 나눌 '분', 물 '수', 고개 '령'이야. 합치면?

딸 물을 나누는 고개?

아빠 그렇지. 우리 지도를 보면 바다로 흘러가는 물은 저 안쪽에서부터 오면서 여러 물줄기가 모이잖아? 그런데 유심히 잘 봐봐 그럼 이 물줄기들은 산을 넘을 수 없어.

딸 당연한 거 아냐? 물은 높은 곳에서 낮은 곳으로 흐르는 거잖아.

아빠 바로 그거야. 그러니까 물길을 나누는 건 뭘까?

딸 산이겠지?

아빠 그렇지. 우리 등산하다 보면 산꼭대기에는 물이 없지? 산줄기 아래 계곡으로만 물이 흐르잖아? 그런 것처럼 '물줄기를 나누는 산등성이'라는 뜻으로 분수령이 쓰이는 거야. 여기에서 힌트를 얻어서 어떤 일이 될지 안 될지 결정이 되는 중요한 순간, 혹은 고비를 이야기하는 거야. 그러니까 어떤 사건이 바뀌게 되는 계기를 이야기하는 거야.

그림 44 | 황토현의 동학농민혁명 기념탑(동학농민혁명기념관)

딸 뭔가 어려운 것 같으면서도 이해가 되네. 그럼 분수령이라는 것은 이것 때문에 무언가 일이 바뀌게 되는 중요한 순간이라는 뜻이야?

아빠 맞아. 완전 똑똑해졌는데? 거의 그런 뜻으로 이해하면 될 것 같아.

딸　아~ 알겠어. 그럼 이 황토현 전투가 동학농민혁명에서 진짜 중요한 거네?

아빠　그래서 1963년에 박정희 전 대통령이 황토현 전투가 벌어진 장소에 동학농민혁명 기념탑을 건립한 거야. 그리고 여기에 동학농민혁명 기념관도 있는 거고.

딸　공원도 있고 말이야?

아빠　그렇지. 그 안에서 전시된 것을 보면 잘 이해가 되고 말이지.

그림 45 | 조형물의 여전사(동학농민혁명기념관)

딸　아빠. 그런데 난 저 동상 사진이 멋있어. 특히 저 언니!

아빠　아~ 우리 딸은 저런 모습을 좋아하지?

딸 맞아. 당당하잖아.

아빠 아빠는 저 동상에서 좋은 점이 전봉준 장군뿐만 아니라 네가 말한 멋진 언니라던가 수많은 사람들이 표현되어서 좋아. 저렇게 식량을 매고 가는 어른부터 아이까지. 그리고 끝없는 행렬이 이어지는 모습까지.....

딸 잘 표현된 거 같아. 나 같이 잘 모르는 사람도 바로 이해할 수 있잖아.

아빠 그래 하던 이야기 계속하자면 2019년에 처음으로 동학농민혁명 기념일을 지정했어. 동학농민혁명에서 중요한 여러 날 중에 황토현 전투에서 이긴 날인 5월 11일(음력 4월 7일)로 정한 거야. 그러니까 매우 큰 의미가 있다고 할 수 있지.

딸 그러니까 황토현 전투는 농민군이 관군과 싸워서 처음으로 이긴 전투이고, 여기서 이겼기 때문에 동학농민혁명이 큰 분수령을 맞이한 거잖아.

아빠 오~ 앞으로 네가 정리해라. 너무 잘하네~

딸 오늘 많이 배웠어. 땡큐~

그림 46 | 동학농민혁명 공원의 동학농민군 동상 및 부조

4) 장성 황룡촌 전투

딸 아빠. 그럼 황토현 전투에서 이겼으니까 끝이야?

아빠 아니. 아직 많이 남았어.

딸 뭐야 아직도 끝이 아니야?

아빠 농민군은 관군과 정면대결을 피하고 힘을 모으기 위해 남쪽으로 내려갔어.

딸 왜 갑자기 남쪽으로 내려가? 관군까지 이겼으니까 전주로 가야 하는 거 아냐?

아빠 오~ 많이 예리해졌어. 사실 그게 맞기도 하지. 그런데 거기에는 여러 이유가 있었어.

딸 뭐가 그렇게 복잡해?

아빠 그러니까 여러 상황이 있어. 들어봐.

딸 알겠어.

아빠 정부는 황토현 전투 전인 4월 2일에 홍계훈(洪啓薰)이라는 장군에게 서울에 있는 잘 훈련된 군사를 줘서 현지로 보냈어. 1년 전에 충청도 보은에서 대규모 집회를 가졌을 때 어윤중이랑 왔던 사람 있잖아? 그 사람이야. 그때는 이름이 홍재희였는데 중간에 개명을 해서 홍계훈이야.

딸 이 사람이 유명해? 또 나오네. 그리고 나쁜 사람 같아. 맨날 농민군을 잡으러 오기만 해.

아빠 그렇게 볼 수 있겠네. 그런데 이게 입장에 따라 다른 거야. 국왕인 고종 입장에서는 홍계훈이 제일 믿을 만한 사람이야.

딸 왜?

아빠 1882년에 임오군란이라고 있었어.

딸 그건 뭔데?

아빠 아 이걸 어떻게 쉽게 설명하지? 일단… 저번에 아빠가 흥선대원군 설명했잖아? 고종 아빠.

딸 알아. 흥선대원군.

아빠 고종이 어리니까 흥선대원군이 대신 정치를 했는데, 이제 성인이 되니까 사람들이 어떻게 생각하겠어? 왕이 있는데 왕의 아빠가 정치를 하는 건 말이 안 된다고 생각한 거야.

딸 당연하지. 왕이 다 컸으면 왕이 정치를 해야지.

아빠 그래서 흥선대원군이 정치에서 은퇴하고 고종이 직접 정치를 했는데, 문제는 그 아내였던 민씨의 말을 너무 많이들은 거야. 이 민씨가 나중에 그 유명한 명성황후야.

딸 들어 봤어. 노래도 있잖아.

아빠 맞아. 그 사람이야. 원칙적으로 아직은 명성황후라고 하면 안 되지만 워낙 유명한 이름이니까 앞으로 명성황후라고 할게. 어쨌든 고종이 직접 정치를 하면서 처갓집이었던 여흥 민씨 일가가 정권을 잡아.

딸 뭐야. 호랑이 없는 굴에 여우가 대장이네.

아빠 맞아. 그런 상황에서 세계 다른 나라들하고 교류도 하고, 우리나라가 이렇게는 안 되겠다고 생각한 거야. 그래서 군대도 신식 군대를 만들었어.

딸 그럼 잘하고 있는 거 아냐?

아빠 문제는 돈이 한정되어 있잖아? 신식군대에 무기도 사고, 옷도 새로 해주고 하면 어딘가에는 돈을 못주잖아.

딸 그러겠지?

아빠 그래서 구식군대였던 훈련도감의 군사들에게 월급을 안 줘. 그러니 훈련도감 군사들이 차별받는다고 생각하니까 얼마나 화가 나겠어? 게다가 오랜만에 월급을 주는데, 중간에 그걸 누가 또 떼어먹은 거야.

딸 어떻게 떼어먹어?

아빠 쌀로 월급을 주는데 중간에 누가 빼어먹고, 그 무게를 맞추려고 모래를 섞어서 준거야.

딸 와 이런 양××네.

아빠 우리 딸 욕이 그냥… 암튼 그래서 그 군대가 폭발해서 폭동을 일으킨 거야. 이게 다 민씨 정권 때문이라고. 그래서 명성황후를 잡겠다고 궁궐에 간 거야. 이때 목숨 걸고 명성황후를 탈출시킨 게 홍계훈이야.

딸 와 대단하다. 고종이 진짜 홍계훈을 좋아하고, 믿을 수밖에 없겠네.

아빠 하던 이야기 계속하자면 그래서 이 혼란을 수습한 게 대원군이야. 구식군대의 군인들이 다시 홍선대원군에게 정권을 잡게 한 거야. 그런데 일본과 청은 자기들하고 친했던 명성황후가 다시 정권을 잡는 게 좋았어. 그래서 여기에 개입을 한 거고 청나라 군대가 와서 대원군을 납치했어. 이게 있었던 해가 임오년이고, 군인들이 난을 일으켰다고 해서 '임오군란'이라고 하는 거야.

딸 아~ 결국 임오군란은 구식 군대가 반란을 일으켜서 홍선대원군을 다시 모셔왔는데, 청나라가 나중에 홍선대원군을 잡아가고, 다시 명성황후가 정권을 잡은 거네?

아빠 우리 딸 이제 정리를 너무 잘하네. 암튼 홍계훈이 농민군을 진압하러 와서 나쁘다고 볼 수 있는데, 그다음 해에 명성황후가 일본인에게 살해당한 '을미사변' 때 끝까지 궁궐을 지키다 일본인에게 죽임을 당해. 참고로 을미사변은 을미년에 (명성황후가 살해당하는) 일이 일어났다는 뜻이야.

딸 욕했던 게 미안하게 홍계훈은 충성스러운 군인이었네?

아빠 그렇지. 그래서 고종이 얼마나 고마웠겠어? 그래서 나중인 1900년에 을미사변 때 순국한 홍계훈을 비롯한 군사들의 제사를 지내는 단을 만들어 준 거야. 그게 서울에 있는 장충단(奬忠壇)이야. 장려할 '장', 충성할 '충', 제단 '단'으로 충성을 장려하는 제단이야.

그림 47 | 장충단(서울특별시 중구 장충동): 을미사변 1900년(광무 4)에 고종이 순국한 홍계훈 등을 제사지내는 단을 설치하도록 하였다.

딸 고종이 의리 있네.

아빠 또 이경직이라고 기억나?

딸 안나.

아빠 삼례에서 복합상소 올릴 때 전라도 감사였던 사람.

딸 아 기억나. 동학교도 괴롭히지 말라고만 했던 사람?

아빠 맞아. 이경직도 을미사변 때 궁내부 대신으로 끝까지 명성황후를 지키다가 살해당했어. 그래서 고종은 이경직도 장춘단에서 제사를 지내도록 했어.

딸 근데 선악의 구분이 없다. 누가 착하고 나쁜지.

아빠 그렇지. 어찌 보면 다 자신의 직분에 맞춰서 한 거 일 수도 있어. 그러니 홍계훈을 너무 미워하는 것도 잘못이라고 할 수 있어. 어쨌든 홍계훈이 농민군을 진압하기 위해서 내려온 거고. 이 군대를 서울에 있는 군대라고 해서 경군(京軍)이라고 해. 그래서 이 군대가 농민군을 계속 따라온 거야.

딸 몇 명이나?

아빠 800명 정도라고 해. 아 참고로 이 병력을 인천으로 보내서 배를 타고 4월 5일과 6일에 거쳐 군산에 도착했어.

딸 군산이면 가깝네? 전주로 와야 하니까 군산에서 내린 건가?

아빠 오~ 이제 전략·전술까지 파악했네?

딸 몇 번이나 들었잖아. 이제 쉽지 이 정도는.

아빠 그렇지. 그래서 군산에 왔고, 4월 7일에 전주에 도착했어.

딸 아빠 왜 자꾸 날짜를 말해? 그런 거 어렵잖아.

아빠 아니 외우라는 건 아니고… 시간 선후 관계 때문에 그래. 그러니까 날짜는 몰라도 순서를 알면 좋으니까.

딸 알겠어. 근데 날짜가 왜 중요해?

아빠 우리 중요했던 게 황토현 전투가 언제 벌어졌다고 했지?

딸 몰라. 잊어버렸어.

아빠 4월 6일 저녁부터 4월 7일 새벽까지.

딸 그런데 왜?

아빠 방금 아빠가 언제 경군이 도착했다고 했지?

딸 4월 6일?

아빠 봐봐 아까 군산에 도착했을 때쯤 황토현 전투 이야기를 들었을까? 못 들었을까?

딸 들었겠네.

아빠 그렇지. 그래서 이걸 듣고 경군이 약간 주저하게 되지. 지금 사기가 올랐을 때 바로 공격하면 우리가 피해 볼 수 있겠는데? 이런 생각을 했겠지. 그래서 2~3백 명이 도망쳐 5~6백 명 정도만 남게 된 거야. 그러니까 바로 농민군을 공격하지 못해.

딸 그렇겠네.

아빠 반대로 농민군도 경군이 왔다는 이야기를 들어. 전라감영의 관군은 지방군이니까 이길 수 있겠다 싶었는데, 경군은 중앙군이니까 잘 조직되고 훈련되었다고 생각한 거야. 게다가 지금 봉기가 일어난 주요 장소가 고부, 부안, 정읍, 고창, 흥덕, 무장 이런 전라북도 서남부 지역 밖에 안 되었단 말이야. 그러니까 전라도 전 지역으로 세력을 확장해서 농민군도 보충하고, 식량도 확보하기 위해서 남쪽으로 방향을 틀어.

딸 아~ 여러 가지 이유가 있네?

아빠 일단 흥덕으로 가서 무기 창고를 확보해서 무기를 가지고 고창으로 갔어. 거기서 감옥을 부수고, 부자였던 은대정이라는 사람 집을 부수고 재산을 나눠줬대. 그리고 다시 무장을 거쳐 아래 지도처럼 농민군은 영광, 함평, 무안까지 내려갔어.

딸 　옛날에 나비축제 갔던 데?

아빠 　맞아. 여기저기 많이 다니다 보니까 장소를 잘 아네?

딸 　나 여행 좋아하잖아.

그림 48 | 제1차 봉기 전개도

아빠 　지도에서 보는 것처럼 정읍·흥덕·고창·무장·영광·함평·장성 등지를 차례로 차지한 거지. 가는 곳마다 관청을 공격해서 감옥에 갇힌 백성들을 석방하고 무기를 압수했고, 탐관오리를 비롯한 양반 등을 벌주고 재물을 빼앗아 빈민에게 나누어 주었어.

딸　근데 그러면 도둑질 아니야?

아빠　그렇게 생각할 수도 있는데, 농민군은 대부분 양반 등이 자신들의 땅이나 쌀 등 재물을 부당하게 빼앗았다고 생각을 했기 때문에 그렇게 한 거야. 오히려 쌀 등을 받는 백성들 입장에서는 너무 고마워했다고 해.

딸　하긴 그럴 수도 있겠네.

아빠　그러다가 농민군은 이제 다시 위로 올라가자고 결정을 해. 그래서 장성에 4월 21일 날 왔어.

딸　아까 홍계훈 군대는 어디 있어?

아빠　아까 경군의 사기가 떨어졌다고 했잖아? 그래서 일단 전주성에 있으면서 농민군 뒤꽁무니만 따라다닌 거야. 농민군이 홍덕과 고창을 거쳐서 무장을 점령했을 때쯤에야 군대를 금구와 태인 쪽으로 보내. 그리고 정부에다가 병력이 부족하니까 더 보내달라고 요청하고, 청나라 군대도 보내달라고 건의해. 그러다가 농민군이 함평에 갔을 때야 직접 경군을 이끌고 전주를 출발해서 농민군을 추격했어.

딸　뭐야~ 군인이 비겁하네?

아빠　무서웠겠지? 어쨌든 농민군도 홍계훈이 온다는 정보를 들었어. 그래서 농민군은 홍계훈의 경군을 분산시킬 목적으로 부대의 일부를 나주로 보냈고, 자신이 이끄는 본부대는 전주를 향하기 위해 장성으로 갔어.

딸　오~ 머리가 좋네. 군대를 나누다니.

아빠 23일 날 여기에서 홍계훈의 경군과 마주친 거야. 농민군이 여기 황룡강변에 둘러앉아서 점심을 먹고 있는데, 경군이 농민군을 발견하고 갑자기 대포를 쐈어. 그러니 많은 사람들이 죽었을 거 아냐?

딸 우와. 대포를 쏘면 어떻게 이겨? 그냥 지는 거 아냐?

아빠 그러게. 그래도 싸움을 했으니 이겨야 할 거 아냐? 그래서 농민군은 대나무로 '장태'를 만들어서 그것을 굴려가면서 경군에게 접근했지.

딸 장태가 뭐야?

아빠 이거는 원래 닭장 같은 건데 관군의 총알을 막을 수 있도록 원통 모양으로 엮어서 만든 거야. 장태를 굴리면서 관군에게 접근한 다음에 공격한 거야.

그림 49 | 장성 황룡촌 전적지의 기념탑
(전남 장성군 황룡면 신호리)

딸 아빠. 저 기념탑에 장태가 있어.

아빠 맞아. 바로 이 황룡촌 전투에서 장태로 큰 승리를 거두었으니 그걸 기념하기 위해서 장태 모양이 있는 거야. 그리고 저 위에 있는 건 뭐 같아?

딸 죽창이잖아.

아빠 맞아. 역시 농민군을 상징하기 위해 죽창의 조형물을 만든 거야.

딸 아빠. 완전 이해가 잘 돼.

아빠 응. 잘 맞춘 김에 여기와 관련된 이야기를 하나 할까? 이건 역사적 사실과는 좀 달라.

딸 해줘~~

그림 50 | 장태를 굴리는 형상

아빠 황룡촌에서 싸울 때 관군이 대포에 불을 붙이니까 포탄이 날아가지 않고 물이 쏟아졌대. 그래서 전봉준이 신기한 요술을 부린다고 소문 난 거야.

딸 정말? 거짓말 같은데?

아빠 그러게 말이야. 아마 이 이야기는 후대에 만들어진 전설일 가능성이 커. 전봉준 장군의 위대함을 강조하기 위해서…… 어쨌든 황룡촌 전투에서 농민군은 또 승리를 거두었어.

딸 와~ 완전 신났겠다.

아빠 그렇지. 그걸 역사 용어로는 사기가 올랐다고 하는 거야. 농민군이 말 그대로 서울에서 온 잘 훈련된 군대까지 이겼으니 거칠게 없다고 생각했을 거야. 이 전투는 농민군과 정식으로 훈련을 받은 정규 군인이었던 경군이 최초로 전투를 벌인 것이었어.

딸 황룡촌 전투도 엄청 중요한 거네?

아빠 그렇지. 농민군이 대승을 거두어서 큰 의미를 가지게 된 거야.

5) 전주성 점령

딸 그럼 이제 어떻게 해?

아빠 이제 전라도에서 제일 중요한 곳을 공격하지. 어디일까?

딸 전주 아냐?

아빠 맞아. 전라 감사가 있고, 전라도의 중심지 역할을 하는 곳이었으니까. 농민군은 장성을 떠나 전주로 향하기 위해 북쪽으로 진격하지.

딸 기세등등하네.

아빠 참고로 당시 농민군을 추적해 왔던 일본의 특파원이 글을 쓴

게 있어.

딸 일본이 그런 것까지 했어?

아빠 일본이 얼마나 대~단~한데? 우리나라를 차지하려고 엄청나게 정보를 파악했어. 지도도 엄청 자세하게 만들고, 그러니까 그런 차원으로 정보를 수집한 거야.

딸 와~ 일본 정말 대~단~하네.

아빠 어쨌든 거기에 의하면 농민군이 고부에서 전주로 갈 때 농작물도 훼손하지 않고, 물건이 필요해도 반드시 돈을 냈다는 거야.

딸 사람들이 좋아할 만하네.

아빠 아마도 같은 농민이니까 서로 어려운 상황을 알아서 그랬겠지.

딸 이심전심이구나?

아빠 오 유식해~. 반면에 관군이 이겼으면 어떻게 되었을까?

딸 뭐 별일 있었겠어? 조선의 백성인데?

아빠 그렇지 않았나 봐. 당시 고부에 살았던 어떤 사람이 쓴 내용에 의하면, '만약 관군이 이겼다면 고부 사람들은 다 죽었을 것이다.'라고 했대.

딸 헐~ 진짜?

아빠 역사에 만약은 없고, 이게 진짜인지 모르지만 그 동네 사람들은 당시에 그렇게 느꼈다는 게 중요한 거야. 그리고 나중에 동학농민혁명이 실패로 돌아갔을 때, 참여했던 많은 사람들이 피해를 입은 점을 보더라도 저 기록이 사실일 가능성이 커. 물론 반대로 농민군이 재물을 빼앗기도 했고, 사람을 죽였다는 기록도 있어.

딸 왜? 농민군은 좋은 거 아냐?

아빠 아빠네 선산 있잖아? 추석 때 성묘 가는 곳. 거기 바로 옆이 정읍이거든. 거기에 우리 조상들이 살았었어. 그래서 아빠가 성묘 갈 때마다 들었던 이야기가 있어.

딸 뭔데?

아빠 동학난리 때 식량이랑 돈을 빼앗겼다고 그런 말을 진짜 많이 들었어.

딸 아빠. 우리 잘 살았어?

아빠 그때만 해도 나쁘지 않았나 봐. 아빠네 할머니가 여산 송씨라고 무성서원 있는 데 있잖아? 그 근처 출신이거든? 거기는 그래도 양반인 거 보니 아빠 증조할아버지, 할아버지가 나쁘지는 않았을 거 같아.

딸 우리 가난한 거 아니었어?

아빠 그게 나중에 한국전쟁 일어나면서 빨치산 때문에 피난 나와서 그래.

딸 우리 가족하고도 관련이 있네.

아빠 아빠가 보기에 당시 전라북도에 살았던 사람들이면 거의 동학과 관련이 있을 거야. 어쨌든 농민군이 정읍, 태인, 원평을 거쳐서 4월 26일에 삼천에 이르러서 전주성으로 들어가기 위한 준비를 해. 다음 날 아침에 농민군은 용머리고개를 지나 전주성을 향해 공격했어.

딸 아빠 다 익숙한데?

아빠 응. 삼천은 모악산에서 쭉 흘러서 전주천에 합류하는 하천이고, 그 길 쭉 따라 전주 시내 쪽으로 가면 언덕이 있잖아? 그게 용머리고개야. 참고로 아빠가 어렸을 때 학교 다니느라 맨날 거기를 왔다 갔다 했어. 그리고 딸이 익숙한 이유는 바로 이 길이 조선시대에 전주에서 금구, 원평, 정읍으로 갈 때 지나갔고, 지금도 이 길로 우리 집에서 한옥마을 등을 갈 때 이용하니까 그래.

딸 아빠. 그럼 옛날 길하고 지금 길하고 거의 같아?

아빠 물론 새로 뚫은 도로는 그렇지 않지만, 상당수는 원래 있던 길을 이용한 경우가 많아.

딸 아~ 그렇구나. 신기하다.

아빠 다시 동학이야기로 돌아와서 농민군은 용머리 고개를 내려와서 전주성 서문과 남문으로 들어갔어. 남문은 풍남문이고, 서문은 지금의 서문교회가 있는 곳에 있었어.

딸 다 알아. 가봤어.

아빠 응. 가본 데를 이야기하니까 훨씬 이해하기가 쉽지? 그리고 어느 길로 농민군이 왔는지도 머릿속으로 그려지고?

딸 응. 완전 이해가 잘돼. 신기해 아빠.

아빠 그건 신기한 게 아니라 서현이가 이미 알고 있기 때문이야. 그래서 어느 분은 '아는 만큼 보인다.'라는 유명한 말을 남기기도 했어. 그리고 아빠가 서현이랑 같이 다니는 이유도 바로 이거야. 가서 직접 보고 설명을 들으면 절대 잊지 않거든.

딸 맞아. 그런 거 같아.

아빠 농민군이 전주성을 공격하는 날은 마침 서문 밖에 장날이었대. 그래서 농민군들이 장꾼들과 함께 섞여서 성안에 들어갔어. 낮 12시를 전후해서 농민군이 본격적으로 공격하니까 안에 들어갔던 사람들도 여기에 따라서 도와주고 해서 제대로

그림 51 | 1899년 경의 전주부성. 1986년에 발간한 『전주시사』에 있는 사진이다. 가운데 풍남문이 보이고, 왼쪽 끝에 서문자리가 보인다.

된 전투 없이 전주성을 함락하지. 이처럼 제대로 싸우지 않고, 이기는 걸 '무혈입성'이라고 해. 피를 흘리지 않고 성에 들어간다는 뜻이야. 농민군이 전주성 남문과 서문으로 공격하니까 당시 전라 감사였던 김문현이라는 사람은 잡히면 안 되겠다고 생각하고 도망을 쳐. 그럼 어디로 도망가겠어?

딸 남문과 서문으로 농민군이 갔으니까. 동문과 북문?

아빠 맞아. 이제 완전 잘 아는데? 전라 감사가 동문으로 도망갔대.

딸 와 대단하다. 그럼 전라도를 다 차지한 거야?

아빠 농민군이 완벽하게 전라도를 차지한 건 아니지만 전라도의 중심지인 전주를 차지했다는 것은 전라도를 점령했다는 상징적인 의미도 있다고 할 수 있어.

딸 아빠 그럼 농민군의 사기가 엄청 올랐겠는데?

아빠 와~ 우리 딸 바로 응용을 하네? 맞아. 농민군 입장에서는 무장에서 시작해서 설마 우리가 이길까 생각했을지 모를 텐데 계속 이겼어. 게다가 전라도에서 중심이라고 할 수 있는 전주까지 차지하고 까마득히 높은 사람이라고 생각했던 전라 감사가 도망가는 상황을 보면서 '우리도 할 수 있다.'라는 자신감을 얻었을 거야. 아마 곧 세상이 바뀔 거라고 생각했을 거고.

딸 응. 진짜 나라도 그랬을 것 같아.

아빠 자. 이제 동학농민혁명의 꽃을 피운 전주로 가볼까?

딸 알겠어. 아빠 전주에서도 부탁해요~

그림 52 | 완산공원의 동학농민군전주입성비(전주시 완산구 동완산동)
팔각정에 오르는 중간에 세워져 있다.
동학농민군이 전주성에 들어 온 것을 기념하여 1991년에 만든 비석이다.

6장

동학농민혁명의 전성기.
전주화약

6장

동학농민혁명의 전성기. 전주화약

아빠 　아빠가 앞에서 농민군이 전주성을 함락시켰다고 했지?

딸 　응 그랬지.

아빠 　이게 4월 27일이고, 서울에 그 소식이 전해진 건 4월 29일이야. 왕을 비롯한 신하들은 진짜 놀랐겠지?

딸 　완전 놀랐겠지. 왕이 보낸 군대가 농민군한테 졌으니까.

아빠 　그래서 당시 왕이었던 고종은 신하들과 회의를 긴급하게 열었어. 여러 가지 이야기를 하다가 민영준이라는 사람이 무기력한 중앙군과 지방군으로는 도저히 이길 수 없다면서 청나라에 힘을 빌려서 토벌하자고 주장했어.

딸 　아니. 무슨 남의 나라 군사를 우리한테 보내라고 해? 진짜 이상하다.

아빠 　그러게 말이야. 물론 이 의견에 반대한 사람들도 있었어. 하지만 고종은 이 문제를 해결하기 위해서 다음날 중국 청나라에 군대를 보내달라고 요청했어.

딸 　말도 안 된다. 진짜 무능하다. 그리고 청나라가 뭔데 비굴하게 도와달라고 해?

아빠 　왜냐면 당시 조선의 왕이나 신하들은 청나라가 아직도 세계에서 가장 강한 나라 중 하나라고 믿고 있었어.

딸 원래 중국이 강해?

아빠 조선은 건국한 지 얼마 지나지 않아서부터 중국 명나라의 권위를 인정하고, 그 세력권 안에 있다고 생각했어. 그래서 음력 1월 1일에 새해 복 많이 받으라고 사신을 보내고, 황제의 생일 축하한다고 보내고, 동짓날을 맞춰서 보내고 이렇게 1년에 3번은 기본으로 사신을 보냈어. 당연히 사신만 보내는 게 아니라 많은 선물도 같이 보냈고 말이야.

딸 뭐야. 기분이 엄청 나쁘네. 중국이 뭔데 우리가 그렇게 사신하고 선물을 보내야 해?

아빠 이게 설명하기 어려운데 간단히 말하면 옛날에 당시 동아시아의 나라들은 중국한테 그렇게 했어. 왜냐하면 중국이 언제나 이 동네에서는 가장 크고 힘이 센 나라거든. 그러니 조선 같은 나라는 중국에 사신을 보내면서 '당신네가 제일 큰 거 인정합니다. 저는 당신과 친하게 지내고 싶어요.' 이런 의도로 설날에 가서 세배하고, 황제 생일날 축하하고, 해가 가장 짧았다가 길어지기 시작하는 동짓날에 오니까 중국도 조선이 얼마나 예쁘겠어. 그 외에 황태자, 황후 등의 생일에도 사신을 보내면서 친하게 지내려고 했어. '그래 그럼 너는 내 말 잘 들으니까 무역도 하고, 친하게 지내자 이러겠지.'

딸 그럼 저게 많이 자존심 상하는 건 아니야?

아빠 뭐 그렇다고 할 수 있지. 하지만 그렇게 하면서 평화를 얻을 수 있었으니까. 지금의 관념으로 당시를 이해하면 좀 그렇지. 어쨌든 중국에서 하는 말이라면 조선이 어지간한 건 다 들어줬어. 중국도 다른 나라보다 알아서 잘해주는 조선이 얼마나 예뻤겠어? 그래서 중국은 조선을 '동방예의지국(東方禮儀之國)'이라고 한 거야.

딸 그거 우리나라 사람들이 예의 있다는 말 아니야?

아빠 그것도 있겠지만 원래는 동쪽에 있는 예의 바른 나라라는 뜻이야. 그러니까 중국 입장에서 우리가 말도 잘 들으니 얼마나 예의가 바르다고 생각하겠어? 즉, 우리나라를 부르는 말이지.

딸 뭐야. 난 되게 좋은 말인 줄 알았네.

아빠 이처럼 중국과 조선 사이의 관계는 서로가 특별하다고 생각할 정도였던 거야.

딸 지금 우리하고 미국처럼?

아빠 어찌 보면 그 보다 더 가깝다고 느꼈을 거야. 그래서 자기 힘으로 안 되니까 청나라의 힘을 빌려서 농민군을 진압하려고 한 거지.

딸 정말 나쁘다. 무슨 나라가 그래?

아빠 서현이뿐만 아니라 다른 사람들도 다 그렇게 느끼고 있어. 그리고 이건 결국 실패해. 조선이나 청이나 모두 패망으로 가는 지름길이었지. 왜냐하면 일본도 군대를 보내거든.

딸 일본은 왜 또 군대를 보내?

아빠 동학농민혁명이 있기 10년 전인 1884년에 청하고 일본하고 약속을 했어. 이걸 톈진이라고 중국의 도시에서 맺었거든? 지도를 한 번 볼까? 중국의 수도가 어디지?

딸 베이징.

아빠 그래 베이징을 먼저 찾아봐.

그림 53 | 베이징과 톈진

딸 여기 있어.

아빠 응 그 주변을 한 번 볼까?

딸 여기 있다. 톈진. 바로 옆에 있네.

아빠 맞아. 자 이제 톈진이라는 곳이 어디 있는지 잊지 않겠지? 청과 일본이 1884년에 맺은 조약을 톈진조약이라고 해. 여기에 중요 내용 중 하나가 '나중에 조선에서 변란이나 중요한 사건이 발생해서 청과 일본 어느 한쪽이 군사를 보낼 경우 그 사실을 상대방에게 알리고, 그 일이 진정되면 즉시 철수한다.'는 거야. 바로 이 조항에 따라서 일본도 군대를 보낸 거지.

딸 뭐 그런 게 다 있어?

아빠 그러게 이걸 자세하게 설명하려면 너무 어려우니까 간단하게 이야기하자면 일본이 조선에 영향력을 가지고 싶었던 거야. 그래서 이 조약에 따라 나중에 조선에 군대를 합법적으로 보내려고 한 거지.

딸 왜 우리 허락도 없이 자기들끼리 그렇게 해?

아빠 그러게 말이야. 역시 나라에 힘이 없으니까 이런 일이 일어났네.

딸 나라에 힘이 없으면 안 돼. 우리가 지켜야지.

아빠 오~ 대단한데? 우리 딸 애국자네? 자 이제 다시 본론으로 돌아와서 농민군이 전주를 차지한 지 하루 뒤에 아까 장성 황룡촌 전투에서 졌던 경군을 데리고 홍계훈이 용머리고개에 도착해.

딸 그래야 뭐해. 이미 전주는 농민군이 차지했는데?

그림 54 | 동학농민혁명 녹두관(전주시 완산구 동완산동): 1995년 일본 홋카이도(北海道) 대학 표본창구에서 발견되었다가 돌아온 이름 없는 농민군의 지도자를 추모하기 위해 2019년에 모신 곳이다.

아빠 그렇지. 이미 전주성은 농민군이 차지하고 있잖아? 그러니까 전주성을 빼앗기 위해서 그 근처인 완산칠봉이랑 다가산 등에 군대를 넓게 두고 대포를 쏘면서 공격하는 거지. 우리 저번에 전주시립완산도서관 옆에 녹두관 가봤지? 거기서 보니까 한옥마을이 잘 보였잖아? 한옥마을 있는 곳이 옛날의 전주성이거든. 그런 곳에서 대포를 쏜 거야.

딸 아. 그렇구나.

아빠 그렇게 대포를 쏘니까 성 안에 있는 농민군이 피해가 컸겠지? 대포만 맞는 거잖아. 심지어 조선을 건국한 이성계의 초상화인 어진(御眞)이 보관된 경기전에 쏴서 일부 파손되기도 했어.

그림 55 | 1910년의 경기전 정전(전주시 완산구 풍남동): 태조 어진을 봉안한 곳으로 전주가 조선 왕실의 근간이라는 상징을 보여주는 장소이다.(전주시청 제공)

그림 56 | 태조 어진: 태조 이성계의 초상화로 경기전에 모셔져 있다.(전주시청 제공)

딸　태조어진 아냐? 그거 되게 중요한 거잖아.

아빠　맞아. 당시 전주에서 가장 중요한 것 중 하나가 태조어진이지. 조선을 건국한 태조 이성계의 초상화를 보유한 곳이니까. 그래서 태조어진은 전주성이 함락당할 때 판관이었던 민영승, 그러니까 지금으로 치면 부시장 정도 되는 사람이야. 그 사람이 챙겨가지고 전주 북쪽에 있는 위봉산성에 숨겨놨어.

딸　맞아 위봉산성! 가봤잖아. 아빠한테 들었던 거 같아.

아빠　맞아 위봉산성은 조선 후기 숙종 때 혹시 전주에 무슨 일이 생기면 백성들도 대피하고, 중요한 것들을 숨기기 위해서 만들었던 산성이야. 그래서 그 난리 통에도 태조어진을 위봉산성으로 가져간 거지.

딸　와~ 정말 중요한 거네?

아빠　그렇지. 엄청 중요하다니까? 어쨌든 태조어진이야 위봉산성에 모셨다고 해도 경기전도 중요하단 말이야. 그런데 거기에 대포를 쐈다? 이건 농민군 역시 관군을 공격할 수 있는 명분이 됐지. 현실적으로도 계속 대포만 맞고 있으니까. 그래서 이걸 처치하기 위해서 농민군이 홍계훈의 군대를 공격했어. 날짜로 4월 29일, 5월 1일, 2일에도 전투를 벌였고, 3일에 좀 크게 붙었어. 그런데 쉽지 않았나 봐. 농민군은 지휘관인 김순명 등 500여 명의 사상자를 내고 퇴각했어. 아 날짜는 몰라도 돼. 그냥 그즈음에 몇 번 싸웠다 정도면 충분해.

딸 지금까지 중에 농민군이 가장 많이 죽은 거 같아.

그림 57 | 위봉산성 서문지(완주군 소양면 대흥리): 최근에는 BTS가 사진을 찍은 곳으로 유명하다.

아빠 아무래도 전주라는 상징성이 있으니 홍계훈 입장에서도 반드시 차지해야 했겠지. 그리고 전에 장성 황룡촌 전투에서 졌던 것도 있고 하니까 얼마나 열심히 싸웠겠어? 이렇게 전투가 반복되고 있었어. 그럼 맨날 대포를 쏘고 탄환이 어디로 튈지 모르는 상황에서 전주성 근처에 살고 있는 백성들은 그대로 살까?

딸 아니. 도망가겠지?

아빠 맞아. 그러다 보니 백성들이 여기저기 도망갔어. 기록에 의하면 성 안의 민가 수 백 채 성 밖의 민가 수 백 채가 불탔다고 했거든. 이런 상태는 서로에게 결정적 한 방을 준 것도 아니었어. 그렇게 장기화되고 있는 상황에서 아까 이야기했던 청나라 군대와 일본 군대가 조선에 들어온 거야. 자 그럼 농민군이 내세운 구호가 뭐였지?

딸 제폭 뭐하고, 보국안민?

아빠 응. 제폭구민하고 보국안민. 그중 보국안민이 뭐라고?

딸 나라를 돕고 백성을 편안하게 한다.

아빠 그래. 그런데 지금 다른 나라 군대가 우리나라에 들어왔잖아? 이런 상황에서 우리끼리 싸우는 게 말이 돼?

딸 당연히 안 되지. 왜 우리끼리 싸워? 다른 나라랑 싸워야지.

아빠 옳지. 그래서 농민군은 홍계훈한테 휴전하자고 해.

딸 휴전(休戰)이 뭐야?

아빠 쉴 '휴', 싸울 '전'. 싸움을 멈추자는 이야기야. 그리고 이 사람들은 농민군이잖아? 즉, 농사를 짓는 사람들이야. 이때가 양력으로 6월 초인데, 보리도 수확해야하고, 모내기도 준비해야하는 엄청 바쁜 때란 말이야. 게다가 가족은 보고 싶지. 전투에서 밀리니 집에 가고 싶은 마음도 있었고.

그림 58 | 1960년대의 풍남문(전주시 완산구 전동). 전주의 4대문 중 현재 유일하게 남아 있는 문이다. 조선 왕조의 고향이라는 뜻의 '풍패(豐沛)'와 남문을 합하여 풍남문이 되었다. 현판의 호남제일문은 호남 최고의 성이라는 뜻이다.(전주시청 제공)

딸 그래서 바로 휴전해?

아빠 아니. 양측의 조건들이 좀 달라서 몇 번 왔다 갔다 하면서 서로 조정을 하긴 했지. 조금 어렵게 말하면, 전봉준은 홍계훈에게 각종 폐정 개혁과 탐관오리의 제거를 주장하는 27개조의 폐정개혁안(弊政改革案)을 제시했어. 그리고 어찌 보면 나라에 반란을 일으킨 거잖아. 원래대로라면 반란을 일으킨 사람들은 다 처형하고, 거기에 따랐던 사람은 감옥에 가두거나 고문을 해야 하는데 이것도 국가를 위한 일이었으니 벌을 주지 말라고 인정해 달라고 한 거야. 이걸 어려운 말로 하면 신변을 보장한다고 하지. 이러한 요구사항을 임금에게 결재받으면 해산하겠다는 문서를 보내.

딸 아빠 뭐라고? 어려워.

아빠 응. 아빠도 그럴 줄 알고, 풀어서 설명하려고 했지. 폐정(弊政)이라는 것은 나쁘다 '폐', 정치 '정'이야 합치면 나쁜 정치잖아. 전에 설명한 것처럼 동학농민혁명이 고부에서 시작된 게 조병갑이 이상한 세금을 걷고 해서잖아. 그런데 조병갑만 그런 게 아니야. 조선에 그런 관리들이 많았던 거야. 관리들만 그런 게 아니라 제도적으로 즉, 법으로 정해진 것들이 많았단 말이야. 그래서 27개를 쭉 쓴 다음에 그런 걸 고쳐야 한다고 말한 거야. 그걸 27개조 폐정개혁안이라고 해.

딸 아. 그렇구나. 그런데 그 내용은 뭐야?

아빠 아빠도 27개를 다 외울 순 없어. 게다가 전봉준이 홍계훈에게 제시했다고 하는 내용 중 남아 있는 조항은 현재 12개야. 이 조항은 워낙 중간, 기말고사나 한국사능력시험, 수능, 공무원 등 시험에도 많이 나오고 중요하니 알지. 이 내용은 전주 한옥마을에 있는 동학혁명 기념관에서 한 번 볼까?

12개조항 내용

① 각 도인과 정부 사이에는 묵은 감정을 씻어버리고 서정(庶政: 여러 방면의 정치)에 협력할 것

→ 동학교도와 정부는 계속되어 온 서로의 오해를 풀고, 좋은 정치를 하도록 서로 힘을 합한다.

② 탐관오리의 그 죄목을 조사하여 하나하나 엄징할 것

→ 못된 벼슬아치는 그 죄를 일일이 가려 엄벌한다.

③ 횡포한 부호들을 엄징할 것

→ 부당한 방법으로 재산을 모은 부자는 엄하게 다스린다.

④ 불량한 유림과 양반들을 징벌할 것

→ 유교를 믿는 나쁜 선비의 무리와 양반들을 벌 준다.

⑤ 노비문서는 태워버릴 것

⑥ 칠반천인(七班賤人)의 대우를 개선하고 백정 머리에 씌우는 평량립(平壤笠)을 벗게 할 것

→ 천한 백성은 대우를 높여주고, 그동안 백정 등 천민의 신분을 나타내기 위해 썼던 패랭이를 쓰지 않게 한다.

⑦ 청춘 과부의 재혼을 허락할 것

⑧ 무명잡세는 모두 폐지할 것

→ 명목에 없는 자잘한 세금은 일체 걷지 않는다.

⑨ 관리채용은 지벌을 타파하고 인재 위주로 할 것

→ 관리를 등용할 때는 지역과 문벌(좋은 집안)등을 따지지 않고, 인재를 뽑는다.

⑩ 왜와 내통하는 자는 엄징할 것

→ 왜적(일본)과 통하는 사람은 엄벌한다.

⑪ 공사채를 막론하고 지난 것은 모두 무효로 할 것

→ 공사채(국가와 민간의 빚)을 비롯하여 이제까지 준 빚은 일체 받지 않는다.

⑫ 토지는 평균으로 분작하게 할 것 등이다.

→ 토지는 평균으로 나누어 경작하도록 한다.

아빠 자 읽어보니까? 무슨 내용 같아?

딸 어려워 아빠.

아빠 (단어 설명해 준 뒤) 서현이가 이해한 대로 몇 가지 특징을 자유롭게 이야기해봐.

딸 음. 나쁜 관리랑 부자를 혼내주고, 이제 농민군이랑 정부가 싸우지 않고 화해하고, 노비문서를 불태우고, 천인들의 차별을 없애니까 평등하다는 건가? 그리고 젊은 과부도 결혼할 수 있게 하고, 세금도 덜 내고, 잘 사는 사람만 관직에 올라가는 게 아니라 못살아도 능력만 있으면 관직에 오를 수 있고, 일본과 친하게 지내지 말고, 땅도 평등하게 나눠주고..... 이런 내용이네?

아빠 와~ 아빠가 설명해 준 걸 완전 잘 이해했는데? 이 정도면 충분해. 그럼 서현이가 말한 내용들은 뭘 원하는 거 같아?

딸 음. 평등한 거? 그리고 잘못된 점을 고치는 거? 그리고 일본하고 친하게 지내지 않는 거?

아빠 맞아. 잘하네. 이걸 조금 어렵지만 교과서적으로 볼까? 12개 조항의 내용은 결국 반봉건, 반외세 요구라고 해. 앞에서 이 내용은 설명했지?

딸 응. 그래도 어려워.

아빠 하지만 이 두 단어는 반드시 알아야 해. 반봉건, 반외세 즉, 기존의 봉건 제도와 외국 세력인 일본 등을 반대한다고. 이게 동학농민혁명에서 가장 중요한 두 가지야.

딸 알겠어. 근데 이거 많이 나와서 좀 외울 것 같긴 해.

아빠 이러니까 백성들은 동학을 좋아하겠어? 안 좋아하겠어?

딸 완전 좋아하지.

아빠 맞아. 그래서 백성들이 앞을 다투어 동학에 들어오지. 그리고 전봉준을 우러러보는 마음이 더 강해지지.

딸 맞아. 나 같아도 그럴 것 같아.

아빠 어쨌든 농민군과 홍계훈이 5월 8일에 휴전하기로 한 거야. 이걸 전주에서 화해하고 약속을 맺었다 해서 '전주화약'이라고 해. 드디어 1차 봉기가 끝났어. 그럼 누가 이긴 거 같아?

딸 글쎄. 농민군?

아빠 맞아. 왜냐하면 정부를 상대로 개혁의 요구를 이끌어 냈잖아. 게다가 이것을 근거로 이 뒤에 전라도 일대에서 집강소를 설치해서 폐정개혁을 이루어내.

딸 집강소가 뭐야?

아빠 자. 아까 농민군이 전라도를 휩쓸고 다니고 하니까 각 지역마다 행정이 잘 이루어지고 있었을까?

딸 아니. 불안해서 막 도망가고 그러지 않았을까?

아빠 그렇지? 이걸 좀 어려운 말로 하면 치안과 행정이 마비 상태에 이르렀다고 해. 그러니까 새롭게 전라 감사로 온 김학진이라는 사람이 전봉준을 감영에 불러. '우리 힘을 합쳐서 같이 전라도를 잘 다스리자.'라고 제안을 한 거야.

딸 아빠 그런데 전라감사가 이런 걸 결정할 수 있을 정도로 힘이 세?

아빠 아~ 그건 정부가 전주성도 함락당하고 마음이 급하잖아? 그래서 김학진을 보내면서 농민군을 상대할 때 '네가 상황을 봐서 잘 해결해라.'며 상당한 재량권, 즉 마음대로 결정할 수 있는 권리를 줬어. 그랬기 때문에 폐정개혁안을 합의할 수 있었던 거지.

딸 아~ 되게 중요한 사람이구나.

아빠 결국 5월 8일에 농민군의 폐정개혁안을 국왕에게 보고한다고 하면서 '전주화약'을 체결한 거야. 앞서 본 것처럼 폐정개혁안을 관청과 백성이 같이 협력한다고 해서 관민(官民) 협력이라고 하지.

딸 말이 어렵긴 한데 되게 중요하네. 그럼 이제 다 끝났으니 농민군은 집에 가는 거야?

아빠 그렇지. 홍계훈은 각지에서 소집되었던 병력을 돌려보내고, 농민군을 해코지하지 말라는 표지를 줘서 돌아가는 길의 안전을 보장해. 그러니까 농민군은 이 조치에 따라 전주성을 빠져나가며 막을 내리지.

딸 오~ 뭔가 멋있네. 그런데 국왕에게 보고한다고 했지 들어준 거는 아니잖아?

아빠 맞아. 그런데 지금까지는 반란을 일으켰다가 주동자는 체포되어 목이 잘리는 효수형에 처하게 되고 반란을 일으킨 사람들은 해산되었는데, 이번에는 그렇지 않은 거야.

딸 그러게. 농민군이 원래의 목표대로 서울로 가서 정부의 권력을 다 바꾼 거는 아니지만 관군도 이겼지~ 심지어 중앙에서 보낸 군대도 이겼지~ 게다가 자신들이 요구한 '폐정개혁안'도 어지간하면 들어주겠다는 말까지 들었으니 진짜 큰 성과를 거둔 거라고 할 수 있지 않아?

아빠 맞아. 그래서 전주화약은 동학에서 엄청 중요한 사건이라고 할 수 있는 거야.

딸 오~ 아빠 이해했어. 내가 살고 있는 전주가 이렇게 중요한 곳인 줄 몰랐어. 뭔가 자부심이 느껴지네?

아빠 다행이다. 아직 멀었어~ 더 중요한 일들이 많아~

딸 또 중요한 게 있어?

아빠　　있지. 바로 집강소인데 그건 또 이야기하자~

딸　　알겠어~

7장

—

우리나라 주민자치의 기원, 집강소

7장

우리나라 주민자치의 기원, 집강소

딸　아빠 전주화약을 맺고 나서 전봉준은 계속 전주에 있었어?

아빠　아니 5월 8일에 전주화약을 맺은 뒤에 전라도 곳곳을 돌아다니면서 혼란을 방지하기 위해 노력해.

딸　왜 혼란해? 잘 해결된 거 아니었어?

아빠　잘 해결되었지. 그런데 워낙 많은 사람들이 여기에 참가하다 보니까 지도부의 명령을 따르지 않고, 여기저기 약탈하는 사람들도 있었대.

딸　헐~ 그건 합의한 거하고 다르잖아. 아까 집에 가기로 했잖아?

아빠　그건 그렇지. 집에는 가는데 아직 완전히 합의된 게 아니었잖아? 그래서 전봉준이 무기 같은 거 버리지 말고 조직도 그대로 가지라고 했던 거야.

딸　그럼 다시 봉기를 일으킬 수 있는 거야?

아빠　그렇지. 만약 뭔가 문제가 생기면 바로 다시 봉기를 일으키려고 한 거지.

딸　아~ 일리가 있네. 그런데 왜 여기저기 약탈하는 사람이 있어?

아빠　이게 말이야… 지도자가 이야기한다고 해서 꼭 말을 다 잘 듣는 것은 아니야. 너희도 선생님이 말씀하신 거 다 듣지 않고 말 짓도 좀 하고...

딸　맞아. 그런 애들도 있지.

아빠　그래서 전봉준이 전주에서 금구 → 김제 → 태인 → 부안 → 정읍 → 장성 → 나주 → 순창 → 담양 → 남원까지 거의 한 달 정도를 돌아다니는 거야.

딸　오~ 결자해지네

아빠　뭐 꼭 맞는지는 모르겠지만, 그런 셈이지.

딸　그럼 폐정개혁안이 잘 지켜졌어?

아빠　그건 아직이야. 일단 홍계훈이랑 그 후임으로 왔던 경군은 5월 18~19일쯤 서울로 올라갔어. 그러니까 전주에 있던 정부 측 병력은 다 빠졌다고 할 수 있지. 하지만 폐정개혁안을 정부에서 아직 수용하겠다는 말이 나오지 않았어.

딸　고구마 먹은 거 같네. 왜 이렇게 답답해?

아빠　원래 변화라는 게 절대 쉬운 일이 아니야. 그래도 아래에서부터 변화가 감지되기 시작해.

딸　무슨 말이야?

아빠　이게 무슨 말이냐면. 정부에서 아직 허락하지 않았지만, 일단 홍계훈이랑 전라 감사가 약속을 했잖아? 그리고 이 소문이 최소한 전라도 지역에 다 났을 거 아냐?

딸　그랬겠지?

아빠　어려운 말로 통치력이 미치지 않는 거야. 그러니 전주는 아니더라도 지방에서는 5월 말부터 도소라고 해서 자치 기구를 설치하기 시작했대. 자체적으로 폐정개혁을 실시하는 거지.

딸　아~ 그럴 수도 있겠네?

아빠 당시 사람들의 기록을 보면 전봉준은 금구에서 수 천 명을 거느리고 전라우도, 김개남은 남원에서 전라좌도를 다스리고, 손화중이나 김덕명, 최경선 같은 사람들도 각각 한 지역을 장악하고 지배하고 있었다고 해. 6월 15일쯤 되면 전봉준하고, 김개남이 남원에서 농민군 대회를 크게 열어. 여기에 몇 만 명이나 모였대. 그래서 각 고을에 도소를 설치하고 농민군 중에서 집강을 둬서 수령의 일을 하라고 명령하지.

딸 그럼 농민군 중 대표가 각 고을을 다스리는 거야?

아빠 거의 그렇다고 볼 수 있지. 지금의 시청, 군청과 같은 지방행정기관의 성격을 가지는 거야.

딸 오~ 결국 전라도 지역을 다 차지한 거네?

아빠 그렇다고 할 수 있지. 당시 전라도는 지금의 제주도하고, 금산까지였는데…

딸 제주도가 왜 전라도였어?

아빠 아~ 조선시대에는 제주도가 지금처럼 따로 도가 아니라 전라도에 포함되었어. 저번에 설명한 것처럼 1896년이 되어야 전라도가 전라북도와 전라남도로 분리되었고, 이때 제주도는 전라남도에 편입이 되었다가 해방 이후인 1946년에 지금과 같이 따로 도가 되었어.

딸 복잡하긴 한데 무슨 말인지 알겠어. 그럼 금산은?

아빠 금산은 계속 전라북도였다가 1963년에 충청남도로 바뀌었어.

딸 아~ 그렇구나.

아빠 당시 전라도에는 지금의 시와 군 같은 고을을 군현이라고 하는데 56개가 있었어.

딸 맞아. 아빠가 그렇게 이야기했었어.

아빠 오~ 다행히 기억을 하네?

딸 아빠 나 무시하지 마. 지금 얼마나 많이 집중해서 듣고 있어?

아빠 그래. 그럼 이야기 계속할게. 어쨌든 56개 군현 중에 제주도의 3개 군현하고 나주목, 운봉현 등 몇 개에는 집강소가 설치되지 않았대.

그림 59 | 나주읍성 서성문 전투지(나주시 과읍동): 1894년 7월 최경선이 5천 명을 거느리고 공격했으나 나주 목사 민종렬 등의 저항으로 패배한 곳으로 현재 복원하여 정비되었다.

딸 제주도는 알겠는데 나주는 왜?

아빠 나주는 거기 지금으로 치면 시장 같은 사람인 목사 민종렬이라는 사람이 집강소 설치를 반대하고, 농민군하고 싸움을 계속했거든. 그런데 농민군이 함락시키지 못했어.

딸 그럼 어떻게 해?

아빠 그래서 최경선이 농민군 수 천 명을 이끌고 7월 초에 공격했지만 여전히 함락시키지 못해. 그래서 집강소를 설치하지 못하지.

딸 나주가 그런 곳이었구나.

아빠 이건 나중에도 문제가 되지. 미리 이야기하자면 2차 봉기를 할 때 나주가 아직 남아 있으니까 거기를 지키려고 손화중하고, 최경선이 일부 군대를 남겨놨어.

딸 정부 입장에서는 되게 중요한 곳이네?

아빠 그렇다고 볼 수 있지. 그런데 나주 같은데 말고는 거의 다 집강소를 설치한 거잖아? 그러니 결국 전라 감사 김학진도 이들을 인정할 수밖에 없었어.

그림 60 | 금성토평비(나주시 과원동): 나주 목사 민종렬과 나주 관군 등이 농민군을 이겼다고 기념한 비석으로 1985년에 나주 지역 유림들이 세웠다. 현재는 나주목 관내에 있다.

딸 어떻게?

아빠 김학진이 전봉준을 전주로 오라고 해서 7월 6일에 회담을 했어.

김학진은 관청과 백성의 협력 즉, 관민상화(官民相和)의 원칙을 정하고...

딸　관민상화는 뭐야?

아빠　관리 혹은 관청 '관', 백성 '민', 서로 '상', 화합할 '화' 이것들을 합치면?

딸　관청과 백성이 서로 화합한다?

아빠　맞아. 이제 진짜 잘하네. 기존의 수령 및 관리들과 동학교도로 상징되는 농민들이 서로 화합해서 새로운 통치체제를 만든다는 거야. 즉, 정부와 농민군이 협력해서 전라도내의 안정과 치안질서를 바로잡기로 했어.

딸　아빠 나 많이 늘었다. 관민상화라는 말이 좋은 말이네. 그런데 어떻게 한 거야?

아빠　바로 전라도의 각 군현에 집강소 설치를 인정하고, 심지어 군사 지휘권까지 주었어.

딸　그럼 집강소가 공식적으로 인정받은 거네?

아빠　그렇지. 그리고 전봉준은 8일 날 지금의 완주군청이 있는 근처인 완주군 구미리에 머물렀고, 송희옥이라는 사람을 도집강에 임명했어.

딸　누군데 갑자기 그렇게 높은 자리에 올라가?

아빠　아빠가 중요한 사람들만 이야기해서 잘 모를 수 있는데 송희옥도 중요한 사람이야. 앞에 백산대회 때 전봉준의 비서에 올랐던 사람이야. 그러니 꽤 높은 사람이자 전봉준이 신뢰할 수 있지.

딸　아~ 그렇구나.

아빠　그리고는 전봉준이 각 고을마다 편지를 보내서 김학진과 회담 결과를 알리고 고을 단위로도 집강을 두도록 한 거야.

딸　이제부터는 진짜로 동학교도가 각 고을을 다스린 거네?

아빠　그렇지. 그중 전주에 도집강소(都執綱所)를 두었어. 지금 복원된 전라감영 선화당 있지? 거기가 전라 감사가 근무하는 곳인데 이때는 여기에 대도소가 있었다는 거야.

딸　내가 「녹두꽃」 보면서 아빠한테 물어봤던 거네?

아빠　응. 맞아. 그러니까 어찌 보면 집강소들의 도청 같은 거라고도 할 수 있어.

딸　김학진이 대단한 사람이다. 약속도 잘 지키고.

아빠　맞아. 대단해. 이건 신념이 있어야 하는 거 같아. 원래 정부에서 6월 말에 김학진을 병조판서 그러니까 요즘으로 치면 국방부 장관에 임명하고, 장흥 부사였던 박제순을 전라 감사로 임명했어.

딸　뭐야. 약속한 사람이 가면 잘 안 되는 거 아냐?

아빠　그러겠지. 전봉준하고 집강소를 인정하기로 약속한 게 7월 6일이잖아? 박제순이 도착한 게 7월 8일인데 바뀌면 일이 잘 안 될 거잖아. 그래서인지 김학진은 박제순한테 자기는 교체하지 않겠다고 한 거야.

딸　그게 가능해?

아빠　당연히 원래는 안 되는 일이지. 그런데 이게 비상 시기잖아? 그래서 고종이 인정한 거야.

딸　진짜 대단하네. 책임감 강한 사람이야.

아빠　그러게 말이야.

딸 그런데 집강소가 전라감영처럼 다 관청에만 있는 거야?

아빠 꼭 그런 건 아닌 거 같아. 예를 들어, 김제 원평에 가면 관청이 아닌 민가에다 만든 곳이 있어.

딸 그래?

아빠 당시에 돈을 많이 번 동록개라는 백정이 '신분차별이 없는 세상을 만들어 달라.'며 농민군에게 집을 바쳤다고 해.

딸 아빠 이름이 동록개가 뭐야? 저런 이름도 있어?

그림 61 | 전주화약 기록화. 가운데 흰 옷을 입은 전봉준이 있고, 가장 위에 '선화당'이라는 현판이 걸려 있다. 왼쪽 기둥에는 '도집강소(都執綱所)'라는 글씨가 붙어 있다.(동학농민혁명기념 재단)

아빠 그게 천민 이름이라 그래. 조선시대에는 천민들에게 동물이나 식물, 외모, 맡은 일 등에 따라서 이름을 지어줬어. 그래서 동록개는 '동네 개'란 뜻으로 흔한 백정의 이름이었대.

딸 뭐야~ 어떻게 사람 이름을 동물로 지어?

아빠 그러게 말이야. 그런데 옛날에는 그랬다는 거야. 그래서 고문서 같은 거 보면 강아지(姜阿只, 姜牙只), 돼지라는 의미의 도야지(都也之), 망아지(亡阿只), 작은년(者斤年伊; 자근년이), 작은놈(者斤老味 ; 자근노미), 쪼깐이(足間伊; 족간이), 돌쇠(乭金) 등의 이름으로 사용되었어.

딸 비인간적이네.

아빠 암튼 이름까지 비인간적이었는데 세상에 얼마나 한이 많겠어? 평등한 세상을 꿈꾸는 동학이니 뭐든 주고 싶었겠지. 그래서 집을 줬대.

딸 오~ 진짜 멋지다. 지금도 기부하는 거 쉽지 않은데 대단한 사람이네. 그런데 동학 이후에도 잘 보존된 거야? 왜 이렇게 건물이 새로 지은 거 같이 생겼어?

그림 62 | 원평집강소(김제시 금산면 원평리):
백정 동록개가 김덕명에게 평등한 세상을 만들어 달라며 기증하였다.

아빠 아~ 그렇게 오해할 수도 있겠다. 아마 동학농민혁명이 실패로 돌아 간 후에 관청 소속이 되었던 것으로 보여. 그래서 이 건물은 일제 강점기에 금산면 사무소, 원불교 종교시설로 사용되기도 했다가 1990년대 이후 폐가로 방치되었어. 그러다가 지금 모습은 2015년에 문화재청에서 집강소 시기 모습으로 보수하고 정비한 거야.

딸 그럼 다른 지역도 다 집강소를 설치했어?

아빠 전라도에서만 화약을 맺은 거니까 우선 전라도만 했지.

딸 아니 다른 동네도 하고 싶을 텐데 왜?

아빠 물론 주변 지역에도 영향을 미쳤어. 그래서 경상도, 충청도, 강원도, 경기도와 황해도, 평안도에도 이렇게 하자는 사람들이 꽤 많았어. 실제로 충청도 태안이나 부여에서는 집강소가 설치되어 운영되었대. 그렇다고 해서 모든 지역에서 다 할 수 없었어. 말처럼 뭔가를 바꾸는 게 쉽지 않거든.

딸 아쉽다.

아빠 어쨌든 전주화약을 맺으면서 동학농민혁명이 최고점에 이르게 되었다고 할 수 있어. 그리고 집강소가 설치되면서 잠시지만 우리나라 역사상 거의 처음으로 농민들의 의견을 반영해서 조선이라는 나라를 변화시킬 수 있었다는 거야. 이것은 어찌 보면 우리 역사가 한 단계 더 발전할 수 있었던 것이라고도 할 수 있어. 즉, 정부와 농민이 함께 자치 기구를 세우고 국가의 위기를 함께 극복한 세계사에서도 드문 사례야.

딸 오~ 지금의 민주주의와 비슷하네?

아빠 맞아. 100프로 똑같지는 않지만, 비슷하지. 그래서 어떤 사람들은 우리나라 민주주의의 뿌리가 바로 동학농민혁명이라고 하는 사람들도 있어.

딸 듣고 보니 그런 거 같아.

아빠 그렇지만 정부는 농민군의 개혁 요구를 받아들일 의지가 없었던 점이 문제야.

딸 그러게 정말 중요한 건데 아쉽네.

아빠 조금 전에 전라도 대부분 지역에서 집강소가 설치되었다고 했잖아?

딸 맞아. 나주하고 몇 군데 빼고.

아빠 남원이나 나주 같은 곳은 관군과 양반들이 반대를 많이 했어.

딸 왜 양반들이 반대해?

아빠 양반들은 일반 농민에 비해 가진 게 많은 사람들이란 말이야. 그러다 보니까 농민들의 요구사항을 다 들어주면 자신들이 가지고 있는 것을 많이 잃게 되는 거야. 그러니까 반대했지.

딸 아~ 그렇구나. 그런데 어디가 그렇게 심했어?

아빠 대표적인 곳이 아까 이야기했던 나주야. 그리고 남원도 꽤나 심했지.

딸 아까 남원은 김개남이 다스렸다고 하지 않았어?

아빠 맞아. 바로 김개남이 남원성을 함락시키고, 한 발 더 나가 남원을 비롯한 임실, 장수, 구례, 곡성 등 전라도 동부권을 다스리지. 그걸 전라좌도라고 해.

딸 전라좌도는 뭐야?

아빠 응. 지금은 전라남도, 북도로 나누었지만 그때는 생활권에 따라서 전라도 좌측에 있는 산악권을 좌도, 우측에 있는 평야권을 우도라고 했어. 그래서 전라좌도의 중심지로 남원이 선택된 거고, 거기에 대도소를 설치한 거야.

딸 조금 어렵지만 무슨 말인지 알겠어.

아빠 그리고 남원은 전라좌도의 대도소가 설치되어 이곳을 전반적으로 다스린 거야.

딸 뭐야 오히려 잘 다스린 거 아냐?

아빠 아니 왜 이렇게 성격이 급해?

딸 아빠 닮아서?

아빠 헐~ 입만 살아가지고… 잘 들어봐. 어쨌든 7월 15일에 남원대회라고 농민군이 크게 모인 거야. 여기에 전봉준을 비롯해서 김개남 등 지도자들뿐만 아니라 여러 농민군을 불러서 '우리의 세력이 이렇게 크다'라는 걸 보여줘. 그리고 여기에 전라좌도 대도소를 설치해. 그러면서 김개남은 나 없이도 잘 된다고 생각했는지 임실에 갔어. 네 말대로 이렇게 잘 나가고 있었는데 점점 좋지 않은 낌새가 나타나기 시작하지.

딸 뭔데?

아빠 7월 중순에 남원의 농민군이 경상도 쪽으로 세력을 확장하다가 300명이나 죽음을 당했고, 운봉 지역에서는 양반 세력들이 스스로 농민군에 반대하는 민보군이라는 걸 조직해서 맞서게 되지.

딸 운봉은 뭐야?

아빠 운봉은 지금의 남원시 운봉읍이니까 남원이라고 아빠가 설명했는데, 당시에는 독립된 운봉현이었어. 그러니 실상 운봉이라고 해야 더 정확한 표현이기는 하지. 암튼 운봉 등을 중심으로 민보군의 세력이 점차 강해지게 되는 거야.

딸　그러겠네. 다른 지역은 거의 농민군이 이기는데 여기만 양반을 중심으로 하는 민보군이 이겼으니까.

아빠　어쨌든 남원의 상황이 급박하게 돌아가니까 김개남이 8월 말에 임실에서 남원으로 왔어. 일단 어찌 보면 농민군이 밀리고 있는 상황에서 뭔가 분위기를 반전시켜야겠다고 생각해.

딸　그게 뭔데?

아빠　지금은 임실군 오수면인데 그때는 남원이었던 오수역 있었어.

딸　삼례역 같은?

아빠　맞아. 남원, 임실 이쪽의 역원을 담당하는 큰 역이었지.

딸　아빠 나 많이 똑똑해졌지?

아빠　그러게 보람이 있네. 암튼 군사 하나가 오수역 찰방의 사무실에서 은가락지를 빼앗았대.

딸　그건 도둑질 아냐? 농민군 실망인데?

아빠　맞아. 농민군이 정의로움을 내걸고 혁명을 하고 있는데, 도둑질이나 하면 명분이 서겠어?

딸　당연히 안 서지.

아빠　그래서 김개남이 그 농민군의 목을 베고 막대기에 매달아서 행렬 앞에 보여줬다는 거야.

딸　본때를 보여주는 거네.

아빠　그렇지 바로 그런 효과를 노린 거 같아. 그리고 남원 관아에 들어가서 군사 제도를 만들고, 전라좌도의 여러 군현을 본격적으로 다스렸어.

딸　무섭긴 한데 리더십이 있네.

그림 63 | 김개남 생가(정읍시 산외면 정량리): 현재는 터만 남아 있다. 『오하기문』에 따르면 "기범은 스스로 꿈에 신령이 나타나 손바닥에 개남 두 자를 써주었다고 말하면서 개남으로 호를 삼았다"라고 한다.

아빠　맞아 그래서 김개남을 보통 불같은 성격을 가진 사람, 불꽃같은 남자라는 표현이 많아. 또 다른 사례로 뒤에 이야기할 건데 당시는 일본이 경복궁도 점령하고 청일전쟁도 승리하고 그랬던 때거든? 그래서 농민군이 일본과 한판 승부를 벌여야 할 시점이었어. 그렇다면 가장 중요한 게 뭘까?

딸　무기?

아빠　그렇지 무기와 식량을 확보하는 거지. 그래서 주변에 있는 무기고를 털어서 확보하고, 식량뿐만 아니라 주변의 지역들에도 돈과 식량을 남원으로 보내라고 한 거야. 그렇게 무기와 식량을 모아서 남원의 교룡산성과 남원 시내 앞을 지나가는 요천

천변에서 군대를 훈련시키면서 후에 있을 일본군과 전투를 대비했다고 해.

딸 교룡산성은 저번에 최제우가 있던 곳 아냐?

아빠 와~ 많이 늘었네. 맞아 교룡산성에 있는 은적암이라는 암자에서 최제우가 동학의 이론을 만들었다고 했잖아? 바로 그곳이야. 교룡산성은 남원의 중요한 요충지 중 하나니까 거기서 모여서 군사훈련을 했던 거야.

딸 요천은 벚꽃 보고 추어탕 먹었던 곳이네.

아빠 우리 딸은 공부보다 놀러 갔던 거에 더 관심이 많네. 맞아 그렇게 봤던 곳이야.

딸 그럼 집강소가 다른 동네는 잘 된 거지?

아빠 꼭 그런 건 아니니 거 같아. 남원이나 나주처럼 그 지역의 상황에 따라 약간 다른 형태를 보였대. 특히 농민군의 세력이 강한 전주와 금구, 태인 이런 곳들은 농민군이 사실상 통치 기능을 가지고 있었다고 봐. 그다음으로 농민군의 세력이 강하긴 하지만 기존 지배 권력과 협조 관계에 있었던 순창 같은 곳도 있고, 농민군 세력이 약해서 집강소가 잠시 설치되었다가 곧 폐지된 무주나 장수 같은 곳들이 그렇고, 방금 전에 봤던 것처럼 세력이 매우 약해서 집강소 설치조차 거부한 나주와 운봉 같은 곳들이 있지.

딸 와~ 어렵다. 그럼 집강소가 대부분 설치되기는 했지만 지역마다 어디는 강했고, 어디는 금방 없어지기도 했다는 거네?

아빠 헐~ 우리 딸이 아빠보다 낫네. 더 쉽게 설명을 잘하네?

딸 서당개 삼년이면 풍월을 읊는다고 했어. 그런데 집강소에서는 뭘 했어?

아빠 크게 세 가지 정도 되는 거 같아. 먼저, 당시 시대가 혼란했다고 했잖아?

딸 부정부패, 세금 많이 걷는 거?

아빠 맞아. 그걸 바꾸는 게 폐정개혁운동이라고 했잖아? 그래서 삼정의 문란 이런 것들이 최소한 원래 법대로라도 잘 지키라고 요구했어.

딸 할 만한 거 했네. 두 번째는?

아빠 그리고 신분해방을 꿈꿨대. 앞에서도 말했지만 황현이라는 사람이 쓴 『오하기문』이라는 책에서 농민군들은 귀하고 천함과 나이 먹고 어린아이의 차이가 없어서 모두 맞절을 했대. 그래서 어린아이는 동몽(童蒙)이라고 했는데 이걸 붙여서 동몽접장이라고 부르고, 종과 상전이 모두 동학에 들어오면 서로 접장이라고 불러 친구와 같았대.

딸 진짜 지금보다 평등이네?

아빠 그렇다고 할 수 있지. 그러니 특히 천민들이 더 좋아했대.

딸 오~ 진짜 그렇겠다. 그럼 세 번째는?

아빠 백성들의 억울함을 풀어 줬대. 각 관아에 동학도라고 해서 갇힌 사람들과 억울하게 갇힌 사람들을 심사해서 민원을 해결한 거야.

딸 진짜 조선시대 같지 않게 많은 걸 했네?

아빠 그렇지. 이걸 해낸 사람들이 농민인 거잖아? 이게 정부처럼 조직이 있는 것도 아니고, 오랫동안 이루어진 것도 아니었지만 집강소를 운영한 것 자체는 동학농민혁명에서 거둔 가장 큰 성과라고 할 수 있어.

딸　왜?

아빠　왜냐하면 농민들이 자신의 힘으로 지방에서라도 행정력을 가지고 정부로부터 인정받았으니까. 어찌 보면 지금 시행하는 지방자치 혹은 민주주의를 먼저 실행한 거라고 할 수 있거든. 그 조선시대에 말이야.

딸　와~ 듣고 보니 그러네. 집강소 설치가 진짜 대단한 거구나?

아빠　물론 몇 곳은 잘 이루어지지 않았고, 운영된 곳은 대부분 전라도에 한정되었으며 잠시 동안이라는 한계도 분명히 있어. 하지만 그 상황에서 일부라도 실현해 냈다는 것 자체가 매우 중요한 거고 대단한 거야.

딸　알겠어. 아빠 이제 좀 알 것 같아. 고마워~

8장

조선은 우리가 구한다.
2차 농민봉기

8장

조선은 우리가 구한다. 2차 농민봉기

아빠　전주화약이 동학농민혁명의 최고 전성기였다면 안타깝게 이제 내려오는 시기가 와.

딸　왜?

아빠　일단 조선을 둘러싸고 국제정세가 급하게 돌아가고 있었어.

딸　그게 뭐야?

아빠　국제정세라는 건 우리나라를 둘러싸고 다른 나라들과 관계가 변하는 것을 말하는 거야. 구체적으로 우리를 둘러싸고 청과 일본의 관계가 변화되는 거지. 아까 조선에서 청나라에 군대를 보내달라고 했잖아?

딸　맞아. 그래서 왔어?

아빠　응. 청나라 군대가 왔어.

딸　그럼. 일본군도 온다고 하지 않았어?

아빠　그렇지. 똑똑하네, 아까 톈진 조약 때문에 일본군도 보낼 수 있다고 했잖아. 그래서 일본군도 인천으로 군대를 보내. 그러니까 어떻게 했어? 전주화약으로 농민군하고 조선군이 화해했잖아? 그럼 일본군과 청나라 군대가 조선에 있을 필요가 있어?

딸　아니. 자기 나라로 가야지. 이제 끝났잖아.

아빠 그래서 원래 각자 가기로 했는데, 일본이 청과 함께 조선의 정치를 개혁하자고 한 거야. 이런 형편없는 나라는 바뀌야 한다고.

딸 왜? 자기들이 뭔데?

아빠 온 김에 조선에서 일본의 영향력을 강화하려고 한 거지. 한 발 더 나아가 잘 되면 조선을 일본의 식민지로 만들 수 있다고 생각했어. 하지만 그 속셈이 뻔히 보이는 청나라가 싫다고 거절해. 그러니까 일본 혼자 조선의 내정개혁을 강제로 진행하기로 결정해.

딸 와 진짜 나쁘다. 자기들이 뭔데?

아빠 그러게 말이야. 너희가 얼마나 정치를 잘 못했으면 이런 일이 생기냐? 그리고 겨우 반란군 정도를 진압도 못하는 너희가 얼마나 무능하냐? 뭐 이런 핑계로 일본의 말을 잘 들으라고 말이지.

딸 아무리 그래도 우리나라 일인데 왜 자기들이 이래라 저래라야?

아빠 그러게 말이야. 조선 정부도 이런 상황을 눈치채고 일본의 군사 개입의 구실을 주지 않기 위해서 노력을 해. 예를 들어서 농민군이 요구한 개혁 등을 추진하기 위해 설치한 임시기구인 교정청(校正廳)을 설치한 거야. 아 이런 건 몰라도 되고 그냥 개혁을 위해 기구를 설치했다 정도만 알아둬.

딸 그러면 잘 되고 있는 거 아냐?

아빠 그런데 이렇게 하면 일본이 자기 뜻대로 일을 추진할 수 없으니까 주도권을 가져오기 위해서 불법을 저질러. 바로 6월 21

일 새벽에 일본 공사였던 오오도리 다이스케(大鳥圭介)라는 사람이 일본군을 보내서 경복궁을 공격해.

딸 아니 자기들이 뭔데 남의 나라 궁궐을 공격해?

아빠 그러게 말이야. 그래서 경복궁의 서문인 영추문이라는 곳을 공격하면서 전투가 시작되었고, 반대편 동문인 건춘문, 정문인 광화문에서도 전투가 벌어져.

딸 조선군이 잘 싸웠어?

아빠 그래도 기습 공격받은 것 치고는 꽤 버텼대. 그런데 아침 7시 정도에 고종이 일본군에게 잡혔어. 그래도 조선군은 끝까지 버텼는데 일본군이 고종의 가짜 명령서를 만들어서 조선군에게 항복하라고 해. 결국 조선군이 해산하면서 불법으로 경복궁이 점령당하지.

그림 64 | 일본의 경복궁 점령을 묘사한 판화

딸 와~ 분해. 대체 군대는 뭐 하고 있었어? 왜 일본군이 있는데도 지키는 사람이 없어?

아빠 그게 농민군 진압을 위해 내려갔었기 때문에 경복궁을 지키는 군대가 얼마 없던 거야.

딸 아무리 그래도 그렇게 힘없이 져?

아빠 그러게 말이야. 왕과 왕비를 잡은 일본은 이미 물러나 은퇴했던 홍선대원군을 내세워서 다시 권력을 잡게 해

딸 아니 대원군도 너무 하네. 자기 아들인데.

아빠 대원군이라고 좋아서 그랬겠어? 아마 협박당해서 그랬겠지. 실상은 일본군이 하라는 대로 하는 꼭두각시에 불과할 뿐이야.

딸 맞아. 그 장면「녹두꽃」에서 봤어. 일본 나빠.

아빠 그리고 6월 말에 김홍집 등을 앞세운 친일 정권을 세우고, 최고의 결정 기구인 군국기무처(軍國機務處)라는 걸 설치하고 개혁 정치를 실시했어. 이것을 그 해를 따서 갑오년의 개혁이다는 뜻으로 갑오개혁이라고 해.

딸 어? 그럼 한창 집강소 설치하고 뭐 그럴 때 아냐?

아빠 대박~~ 인정. 진짜 중요한 지적이야. 전라도에서 농민군들이 집강소를 설치하는 그 기간에 이렇게 한 거야.

딸 나 완전 똑똑해진 것 같아.

아빠 그러게 훌륭해. 계속 이야기하자면 군국기무처는 나중에 한국사능력이나 공무원 시험 같은 거에 나오는 엄청 중요한 거라 꼭 알아야 해.

딸 아빠! 그런 어려운 거는 안 하고 넘어가도 좋지 않아?

아빠 중요하니까 그렇지. 아빠가 어지간한 거는 그냥 넘어갔잖아. 그만큼 중요하니까 잠깐 이야기할게. 군국기무처라는 곳은 중앙의 행정·사법·군사·경제 등 모든 분야의 업무를 다 맡는

곳이야. 이거는 시험에 자주 나오니까 꼭 외울 필요가 있어.

딸　뭐? 뭘 외우라는 거야?

아빠　갑오개혁은 군국기무처를 설치해서 개혁 정치를 실시했다는 거.

딸　어려운데 뭘 맨날 외우래..... 진짜 어렵고만... 이래서 내가 역사를 싫어하는 거야.

아빠　한국사 전공하는 아빠 앞에서 너무 심한 거 아냐? 어쨌든 갑오개혁이 진행될 때 중요한 역할을 했던 기관으로 외워.

딸　알겠어. 그래서 무슨 개혁을 한 거야?

아빠　대표적인 것이 과거제와 신분제를 폐지한 거야. 과거제는 조선시대에 관직에 오르기 위해서 시험을 보는 거야. 원래는 천민만 아니면 시험 볼 자격이 있었어. 그런데 앞에서 말한 것처럼 경제력이 있어야 계속 공부를 하잖아. 그래서 실상 양인들보다 양반들이 합격할 확률이 더 높았지. 그러니 신분 낮은 사람이 과거 시험에 합격할 확률도 낮은 거야. 게다가 조선 후기에는 부정행위도 많아서 모든 양반이라고 해서 다 시험에 합격한 것도 아니었어. 그래서 일부 가문 혹은 서울에 사는 권력을 가진 사람들만 합격한 경우가 많았어.

딸　뭐야. 과거시험에 부정이 많았네?

아빠　물론 무조건 과거시험에 부정이 있었던 것은 아니지만 그런 경우가 많으니까 이것을 폐지하기로 한 거야. 그리고 신분제도 공식적으로 폐지한 거고, 이거는 계속 말했으니까 따로 안 해도 알겠지?

딸　응.

아빠 이외에 세금을 돈으로 내는 거랑 과부의 재혼 등을 허락했어. 몇 개 더 있는데 그건 나중에 한국사 시간에 배우면 될 거 같아.

딸 뭐야 갑오개혁이 되게 좋은 거네?

아빠 그렇지. 신분제 폐지, 과부의 재혼 이런 거는 농민군의 요구 사항이기도 하니까 동학농민혁명이 없었다면 이루어지지 않았겠지.

딸 아빠. 왜 일본이 우리를 좋게 해 줬지? 그리고 이런 좋은 거면 우리나라 발전 했겠는데?

아빠 맞아 그런 의문이 들 수 있는데 말이야. 가장 중요한 이유 중에 하나는 김홍집 내각을 통해 개혁을 한다고 하고, 서양의 내정간섭과 청나라의 무력 개입을 막기 위한 것이라고 해.

딸 칫. 그럼 그렇지.

아빠 그리고 실상 일본에 의존했던 김홍집을 비롯한 일부 세력이 추진했기 때문에 백성들이 갑오개혁을 지지하지 않았어. 그리고 조선의 군대를 개혁하는 내용은 없었어.

딸 우리나라 군대가 강해지면 지배하기 쉽지 않으니까?

아빠 이제 척하면 척이네. 그런 이유 때문에 군사개혁은 포함하지 않았어. 그리고 저 개혁이 완성되지 못한 것은 나중에 일본이 청일전쟁도 이기고, 농민군도 이기거든. 그래서 누가 봐도 조선에 대한 영향력이 강해지니까 조선에 관심이 많았던 러시아가 독일과 프랑스를 끌어들여서 일본의 뜻대로 못하게 해. 이걸 세 나라가 간섭했다고 해서 삼국간섭이라고 해.

딸 오~ 러시아 멋진데?

아빠 그럴 수 있는데, 세상에 공짜가 어디 있어? 러시아도 우리나라를 차지하거나 아니면 여러 이권을 얻으려고 그런 거지.

딸 칫. 좋다 말았네.

아빠 아빠가 말한 건 결과를 다 알고 말한 거고. 당시 조선 입장에서는 너와 같은 마음이었어. 그래서 나중에 러시아와 친하게 지내야겠다고 생각하고 러시아와 친한 정권이 수립되지. 그러니까 일본 입장에서는 다 된 밥에 코 빠트린 거 아냐?

딸 그렇지. 일본은 조선을 다 차지했다고 생각했을 거 아니야?

아빠 그래서 일본은 다시 자기들한테 주도권을 가져오기 위해서 1895년 10월에 명성황후를 살해해. 이게 을미년에 일어난 사건이라고 해서 '을미사변'이라고 하지.

딸 알아 이거. 일본×들이 명성황후를 죽인 거. 나쁜 ××들이야.

아빠 딸이 아빠 앞에서 못하는 말이 없네. 전에 말한 것처럼 전주성 전투 때 관군 대장으로 왔던 홍계훈이 여기서 일본군과 싸우다가 사망해.

딸 아빠가 말했어. 진짜 얄미웠던 사람이기도 한데 훌륭하기도 하네.

아빠 암튼 그러니까 고종이 얼마나 무섭겠어? 그래서 우리나라한테 잘해주면서 강대국이라고 생각한 러시아 공사관으로 몸을 피한거야. 조선은 러시아를 아라사(俄羅斯)라고 불렀는데, '아'라사의 공사'관'으로 옮겼다고 해서 이걸 '아관파천(俄館播遷)'이라고 해.

딸 파천은 뭐야?

아빠 '파'는 달아나다, 버리다는 뜻이고, '천'은 옮기다는 거야. 그러니까 임금이 난리를 피해 도성을 떠나는 일을 말해. 예를 들어, 임진왜란 때 선조가 서울을 버리고 도망갔잖아? 그때도 파천이라고 해.

딸 아~ 잘 이해되었어. 그러니까 러시아 공사관으로 고종이 도망간 거네?

아빠 맞아. 이제 잘 이해하네. 이 내용들은 나중에 무조건 시험에도 나오는 거니까 꼭 알아야 해.

딸 응. 이해가 잘 가. 동학농민혁명이 일어나니까 일본이 와서 갑오개혁을 했고, 청일전쟁과 동학농민 혁명에서 일본이 계속 이기니까 러시아가 삼국간섭으로 반대한 거잖아. 그래서 러시아가 대세가 되니까 일본이 명성황후를 죽였고, 고종이 무서워서 러시아 공사관으로 도망간 거 아냐?

아빠 우리 딸이 언제부터 이렇게 정리를 잘했지? 완벽해!! 그 이야기는 이 정도로 끝내고, 다시 동학으로 가자고. 아까 김홍집 등을 통해 조선 정부를 장악한 일본은 당시 아산만, 지금 충남 천안 옆에 아산이라고 있어. 그 바닷가 근처에 있던 청나라 군대를 공격해서 이겨. 그리고 청에 선전포고를 해. 우리 이제 너희랑 싸우겠다고.

딸 와~ 완전 비겁하다. 기습공격이잖아.

아빠 그러게 말이야. 어쨌든 본격적으로 일본과 청나라가 계속 싸우는 데 일본이 이겨. 8월에는 평양에서 크게 이기고 그 뒤에 서해바다에서도 이기고, 이제 압록강을 건너 만주 지역까지 진격하면서 1895년 2월까지 전쟁이 이어져. 결국 일본군이 승리하지.

딸 아~ 슬프다.

아빠 이거 중요한 거니까 조금만 더 이야기할게. 일본군이 승리하고 패전국인 청나라와 조약을 맺어. 이때 중국 대표가 리훙장(李鴻章)이라는 사람이고, 일본은 이토 히로부미(伊藤博文)였어.

딸 이토 히로부미는 안중근 의사가 죽인 사람 아니야?

그림 65 | 하얼빈 역의 안중근 의사 의거지
지난 2014년 중국은 해당장소에 작게 안중근 의사 기념관을 설치하고, 이토 히로부미를 저격한 곳에 표식을 설치하였다.

아빠 맞아. 오랜만에 정확히 알고 있네. 그 이토 히로부미야. 안중근 의사가 1909년 10월 26일에 하얼빈 역에서 사살한 거야. 지금 이 이야기는 1895년이야. 죽기 15년 전쯤부터 이미 일본 정치에서 중요한 역할을 했던 사람이라고 할 수 있지. 암튼 이 전쟁을 누가 이겼다고?

딸 청나라.

아빠 그러니 둘 중에 누가 아쉽겠어?

딸 일본.

아빠 그러니까 아쉬운 사람이 이긴 사람한테 사과하러 가야잖아. 그래서 일본에서 조약을 맺어야 하는데, 그중에서도 시모노세키라고 중국과 한국에서 일본 수도인 도쿄 쪽으로 가려면 반드시 지나야 하는 곳이 있어. 거기서 조약을 맺자고 한 거야. 또 다른 요인으로 거기가 이토 히로부미의 고향이라 잘 알기도 하고. 그래서 그 동네 유명한 복어 식당인 '춘범루(春帆樓)'라는 식당으로 오라고 해서 조약을 맺지.

딸 와~ 중국은 완전히 굴욕이네.

그림 66 | 시모노세키 지도

그림 67 | 춘범루 ('사적 춘범루. 일청강화담판장'이라고 기재되 있다.)

아빠 그러게 말이야. 여기가 어디라고?

딸 시모노세키.

아빠 맞아 그래서 시모노세키 조약이라고 해. 이건 중요하니까 외어야 해. 시험에 자주 나와. 청일전쟁 이후 맺은 조약이라고.

딸 그래서 조약 내용이 뭐야.

아빠 일본이 청일전쟁을 일으킨 이유가 뭐지?

딸 조선을 차지하려고.

아빠 그렇지. 자 이제 이겼지? 그러니 '청나라 너네는 조선에서 손 떼라'이게 가장 중요한 내용이야. 즉, 청은 조선에서 일본에게 지배권을 완전히 뺏기지.

딸 그럼 이제 일본이 맘대로 하겠네?

아빠 그렇지. 그리고 전쟁을 하면 군사들도 죽고 돈도 많이 들겠지?

딸 맞아. 우크라이나하고 러시아 뉴스 보니까 건물도 많이 파괴되고, 무기 쏘면 다 돈이라고 했어. 밥도 먹어야 하고.

아빠 똑똑하네. 맞아. 그러니 진 나라가 그 돈을 물어내라는 거야. 즉, 전쟁 배상금을 물어내라고 했어.

딸 청나라 진짜 손해가 크네.

아빠 그게 끝이 아니야. 거기다가 요동반도라고 옛날에 고조선이랑 고구려 때 우리 영토였던 곳 있잖아? 거기하고 지금의 대만인 타이완을 할양. 즉, 일본에게 달라고 한 거야. 그래서 대만도 일본 식민지였어.

딸 대박. 일본 진짜 다 차지하네.

아빠 그렇지 전쟁 한 번으로 완전히 다 먹으려고 한 거지. 그래서 아빠가 앞에서 말한 것처럼 일본의 힘이 너무 세니까 러시아가 일본을 견제하기 위해서 독일하고 영국을 끌어들여서…

딸 삼국간섭.

아빠 맞아. 그렇게 된 거야.

딸 아빠. 이해가 쏙쏙 된다. 그런데 이런 이야기를 들으니까 동학농민혁명이 그냥 우리나라에만 영향을 준 게 아니라 아빠 말대로 진짜 당시 국제질서에도 중요한 역할을 했네.

아빠 그렇지. 그러니까 동학농민혁명이 우리 역사에서 차지하는 비중이 큰 거야. 그래서 나중에 중고등학교 가면 한국사 교과서에서 최소 두 페이지 이상 배울걸? 그만큼 중요한 내용이니까.

딸 동학만 시험에 나오면 좋겠다.

아빠 자만하지 마시고. 다시 조선으로 돌아와서 이렇게 일본군이 우리나라에서 마음대로 청나라 군대와 싸우고, 심지어 둘 중에 누가 이기고 있었지?

딸 일본군.

아빠 그럼. 서현이는 어때?

딸 일본군이 계속 이기니까 불안해.

아빠 왜?

딸 우리나라를 차지하려고 전쟁하는 거잖아.

아빠 그렇지. 그러니까 다시 우리 백성들이 들고일어나는 거야. 우리가 조선을 지켜야겠다 하고. 그럼 그중에서도 누가 그랬을까?

딸 전봉준이랑 농민군.

그림 68 | 덕진공원에 있는 전봉준, 김개남, 손화중 추모비(전주시 덕진구 덕진동): 가장 앞에 있는 것이 손화중 우측이 김개남, 뒤에 소나무로 가려진 곳에 전봉준 동상이 있다. 오른쪽으로 그네가 있어 아이들이 좋아한다.

아빠　　왜?

딸　　동학에서 중요한 게 반봉건이랑 반외세라고 했잖아. 그러니까 우리나라를 차지하려고 일본이 저러는 데 당연히 일어나지 않겠어?

아빠　　와~ 아빠가 진짜 소름 돋았어. 완전 다 이해했네. 최고네 우리 딸!! 맞아. 이것 때문에 다시 고향으로 돌아가서 농사 짓고, 집강소를 통해 운영하고 있던 농민군이 다시 봉기한 거야. 그리고 여기에는 또 다른 요인이 있어.

그림 69 | 김개남 장군 추모비(전주시 덕진구 덕진동): 윗부분에 '개남아 개남아 김개남아'라고 기재되었다. 이는 그가 잡혀갈 때 백성들이 부른 노래의 일부분이라고 한다. 동학농민혁명 100주년을 맞이하여 1993년에 제작되었다.

딸　　뭔데?

아빠　　흥선대원군이라고 들어 봤어?

딸 앞에서 했잖아. 고종 아빠.

아빠 그래 아까 일본군이 경복궁을 점령한 다음에 흥선대원군이 정권을 잡았다고 했잖아?

딸 맞아. 그랬지.

아빠 공식적으로 대원군은 전봉준 등에게 '이제 군대를 해산하고 돌아가라고 해.'라고 했대.

딸 와~ 도와주지는 못할 망정 진짜 너무 하네.

아빠 흥분하지 말고 들어봐. 아마 이건 일본의 눈치 때문에 어쩔 수 없이 사람을 보낸 거고, 실제로는 농민군뿐만 아니라 일부 양반들에게 몰래 자기 사람을 보내서 '해산하지 말고 재정비해서 일본군을 몰아내고 나라를 구하라.'는 문서를 보냈어. 이걸 몰래 내리는 임금의 명령이라고 해서 '밀지(密旨)'라고 해.

딸 그럼. 겉으로는 '하지 마'하고, 속으로는 '빨리 나라 구해'. 이런 거네?

아빠 그렇지. 그런데 당시 일부 양반들은 여기에 반대 해.

딸 왜? 나라가 망하게 생겼는데 양반들이 반대하는 이유가 뭐야?

아빠 왜냐하면 농민군과 행동을 같이 할 수 없다는 한 거야.

딸 뭐야~ 나라 구하는데 농민군하고 양반이 어디 있어?

아빠 그러게 말이야. 그러니 대원군은 농민군에게 더욱 의지할 수밖에 없는 상황이 되지. 그래서 대원군이 농민군의 여러 높은 사람들에게 이 내용을 보내. 이때 전봉준, 김개남도 이걸 다 본 거야.

딸 그럼 일본을 싫어하니까 나라를 구한다고 했겠네?

아빠 물론 대원군의 밀지 때문만은 아니지만 큰 원인 중 하나였다고 할 수 있어. 그리고 아까 일본군이 경복궁도 점령하고 갑오개혁 일으키고 한 게 6월 말, 7월 초 이럴 때야. 물론 당시는 핸드폰도 인터넷도 없으니까 정보가 느리긴 했지만 그래도 여기 전라도까지 아무리 늦어도 1주일에서 열흘이면 다 소문난단 말이야.

딸 발 없는 말이 천리 간다.

아빠 그렇지. 그럼, 여기 사람들도 일본이 경복궁을 점령했고, 그 목적이 우리나라를 지배하려고 한다는 걸 알까 모를까?

딸 당연히 알겠지. 바보도 아니고.

그림 70 | 덕진공원에 있는 전봉준 선생 동상(전주시 덕진구 덕진동): 1981년 제작

아빠 그렇지. 그래서 전라도뿐만 아니라 경상도, 충청도 등 여러 지역에서 일본의 침략에 저항하는 봉기가 계속 일어난 거야.

딸 역시 우리 조상님들 멋져.

아빠 그렇지. 이런 분위기 역시 '보국안민'과 '척양척왜'의 깃발을 내건 농민군에게 영향을 주었지. 그래서 김개남이 먼저 봉기를 준비해.

딸 전봉준이 먼저 한 게 아니고?

아빠 전봉준은 이제 막 집강소를 시작했는데 또 봉기를 일으키면 쉽지 않다고 좀 정리가 되고 봉기를 일으키자고 김개남을 설득해.

딸 김개남이 불꽃남자라면서? 전봉준 말을 들을까?

아빠 오~ 이제 캐릭터 파악까지 하네. 맞아 김개남은 '한번 모인 대중을 다시 모으기 어렵다.'면서 듣지 않았대.

딸 그럴 것 같았어.

아빠 그러니까 이번에는 전봉준이 손화중도 설득했는데 듣지 않았대. 그래서 전봉준이 다시 7~8일간이나 상의도 하고 말싸움도 하다가 전주로 돌아갔대.

딸 뭐야 어떻게 된 거야? 오히려 싸운 거야?

아빠 정확히는 모르겠어. 그런데 불과 며칠 후인 9월 초인 8일에 전봉준과 김개남이 동시에 재봉기를 준비한 걸 보면 결국 재봉기 하기로 합의한 게 아닌 가 싶어.

딸 결국 농민군이 나라를 위해 나서는구나.

아빠 그렇지. 자 이제 농민군이 일본군하고 전쟁을 하려면 뭐가 필요할까?

딸 돈하고 무기, 식량이지. 전에도 물어봤잖아. 내가 바보도 아니고.

아빠 맞아. 아빠가 또 물어본 이유는 그만큼 중요하고 기본적이기 때문이야. 무시해서가 아니라. 그래서 9월 9일부터 전주와 남원을 중심으로 전라도 일대에서 식량과 무기, 돈 등을 거두어.

그림 71 | 손화중 장군 추모비(전주시 덕진구 덕진동):
윗부분에 '사람이 한울이다'라고 기재되었다. 한울은 하늘의 다른 말로 인즉천을 상징한다.

딸 그럼 바로 가겠네?

아빠 그렇지는 않아. 본격적인 재봉기는 약 한 달 후인 10월 12일경에나 이루어져.

딸 왜 그렇게 늦어?

아빠 방금 이야기 한 것처럼 식량이랑 무기 같은 것도 모아야 하고, 또 진봉준이 좀 아팠대. 그리고 이 사람들이 기본적으로 농민군이잖아? 이때가 마침 수확할 시기이기도 하니까 그게 다 끝나야 하지.

딸 그러네. 나라를 위해 하는 것도 좋지만 가족들도 먹고는 살아야 하니까.

아빠 그리고 저번에는 전라도만 했잖아? 이번에는 충청도의 북접이 협력하기를 기다리고 있었던 거야.

딸 왜? 저번에 북접 없이도 잘했잖아.

아빠 더 큰 세력하고 맞서 싸워야 하고, 진짜 동학을 믿는 사람들이 모두 힘을 합쳐서 일본군과 싸운다는 명분도 있어야 하니까 말이야.

딸 그럴 수 있겠네. 그럼 이번에는 함께해?

아빠 당시 동학의 교주가 누구랬지?

딸 최시형.

아빠 맞아. 최시형을 중심으로 한 충청도의 동학교도를 북접이라고 해. 반대로 전봉준, 손화중 등 전라도 일대의 동학교도를 남접이라고 해. 그런데 북접과 남접의 성격은 처음부터 달랐어. 북접은 종교적 입장을 중요시해서 무력으로 투쟁하는 방식을 싫어했어. 그래서 최시형은 전봉준 등을 '국가의 역적이고, 사문난적'이라고 까지 해.

딸 역적은 알겠는데 사문난적은 뭐야?

아빠 사문난적(斯文亂賊)에서 '사문'은 고려와 조선시대 성리학을 말하고, '난적'은 어지럽히는 도적이라는 뜻이야. 즉, 유교인 성리학의 교리를 어지럽히는 도적이란 말이야. 그런데 같은 동학교도끼리 이런 말을 했다는 것은 동학의 교리를 지키지 않는 사람이라는 아주 심한 욕과 같은 거야.

딸 꼭 그렇게 까지 해야 해?

아빠 최시형을 중심으로 한 북접은 꼭 정부와 싸우지 않고 대화로도 충분히 문제를 해결할 수 있다고 봤나 봐. 반대로 전봉준 등 남접은 행동으로 보여 정부를 굴복시키는 방식을 선택한 거고.

딸 지금 일본군이 쳐들어오는데 싸울 때야?

아빠 바로 그거야. 아무리 생각이 달라도 나라가 망할지 모르는데, 내부에서 서로 싸우면 무슨 소용이야? 그래서 이번에는 북접에서도 같이 싸우겠다고 한 거야. 그래서 최시형은 손병희 등에게 봉기하라고 허락을 해. 그러니까 충청도 대부분 지역의 농민들이 봉기를 하지.

딸 진짜 대통합이네. 그러니까 1894년 9월쯤 되면 전라도와 충청도에서 전봉준, 김개남, 손병희 이런 사람들이 '일본을 물리치자'라면서 농민군을 이끌고 일본군과 맞서 싸우기 위해 다시 군대를 일으키는구나.

아빠 정리도 잘하네. 맞아. 이때는 의병의 성격이 강해서 농민의병이라고도 해. 이걸 2차 봉기라고 하지. 앞에 봤던 3월의 봉기를 1차 봉기라고 하고.

딸 이제 완전히 알겠어.

아빠 일단 이 많은 사람들이 모여야 할 거 아냐? 그래서 모인 곳이 삼례야.

딸 어? 앞에서도 삼례에서 모였었잖아.

아빠 맞아. 여기가 교통의 요지이기 때문에 모인 거지. 일단 9월 말에 모이자고 해서 많은 사람이 모였다고 해.

그림 72 | 동학농민혁명 삼례봉기 역사광장의 조형물(완주군 삼례읍 신금리)

딸　대단하네.

아빠　그래서 2차 봉기의 역사성을 강조하고 기념하기 위해서 완주군은 삼례봉기 역사광장을 만들었어. 저 조형물들을 보니까 어때?

딸　규모가 크지는 않지만 나름대로 특색이 있네. 저건 좀 특이하다. 저 쇠스랑을 든 것도 상징이 있는 거야?

아빠　우리 딸이 많이 다니다 보니 이제 보는 눈이 생겼네. 맞아. 저거는 농사를 짓는 농민군이라는 점을 강조하기 위해서 쇠스랑을 잡는 농민의 팔뚝을 형상화한 거야. 그리고 여기에는 박제순에게 보낸 편지, 폐정개혁안, 당시 농민군의 위상을 보여주는 내용도 있어.

딸 이제 내가 여기저기 다니다 보니까 어디든 자기네와 관련된 것을 중요시하는 거 같아.

아빠 그러게 도사 다 되었어. 이제 하산해.

딸 아빠 아직 안 끝났잖아. 그런 말은 끝날 때 이야기해. 하던 이야기나 계속해.

아빠 아빠를 막 대하는 건 정말 우리 딸 밖에 없네. 그래. 계속하자면 원래 손화중도 삼례에서 같이 가려고 했는데, 일본군이 바다를 통해서 나주와 광주 쪽으로 올 거라는 정보를 받아. 그래서 손화중이 최경선하고 함께 광주 일대를 지키지.

딸 김개남은?

아빠 김개남은 남원에서 병력을 따로 모았잖아? 그래서 그 인원을 데리고 청주 방면으로 따로 이동을 해.

딸 같이 가야 하는 거 아냐? 아까 전봉준하고 싸워서 그런가?

아빠 우리 딸이 진짜 통찰력 있네. 어떤 사람들은 진짜 그렇게 이야기하기도 하고, 어떤 사람은 그게 아니라 많은 병력이 한데 뭉쳐서 가면 전략적으로 좋지 않으니 여러 방면으로 가기 위해서 일부러 다른 방향으로 갔다고 해.

딸 그렇구나. 그럼 일부러 따로 갔을 거 같아.

아빠 왜?

딸 김개남은 나라를 위해 희생하는 마음을 가지고 시작했는데 자기 욕심 때문에 그랬겠어? 충분히 상의하고 그게 도움이 된다고 생각하니까 그런 결정을 했겠지.

아빠 우리 딸이 언제부터 이렇게 똑똑해졌지? 불안하네.....

딸 (퍽) 농담하지 말고 계속해.

아빠 자~ 삼례에 모인 농민군은 드디어 임금이 있는 서울을 향해 가. 그전에 논산에서 북접의 손병희 농민군을 만나기로 했어. 그래서 12일에 논산에 도착한 거야. 그리고 손병희의 농민군도 15일에 논산에 합류했어. 여기에서 농민군은 공주를 공격하기로 해.

딸 그런데 갑자기 왜 공주로 가?

아빠 아빠가 전라도의 감영이 어디 있었다고 했지?

딸 전주.

아빠 충청도는?

딸 공주.

아빠 그래 당시 충청도의 감영이 공주에 있었거든. 그래서 그래. 그리고 우리 서울 갈 때 천안-논산 고속도로를 타고 가잖아. 그 중간에 공주를 지나거든? 바로 예전에도 전라도에서 서울 갈 때 공주를 지나가. 그러니까 동학 농민군이 서울로 가기 위해서는 일단 충청도의 가장 중심지인 공주를 차지하고 서울로 가기 위해서였지. 지도를 보면 논산 위가 공주잖아? 그래서 남접과 북접이 함께 북쪽으로 가는 걸 북상했다고 하는 거야.

딸 아~ 그렇구나.

아빠 이 소식을 들은 충청감사 박제순은 이 상황을 한양에 보고해. 이 박제순은 누구냐면 유명한 친일파야. 우리 딸 이완용 알아?

딸 안중근은 애국, 이완용은 매국 역사는 흐른다~

아빠 맞아. 바로 그 이완용이야. 이 박제순이라는 사람은 이완용 등과 함께 1905년에 을사조약이라고 해서 일본에 조선이 외교권 넘겨준 거야.

딸 외교권은 뭐야?

아빠 다른 나라와 외교를 할 수 있는 권리야. 그런데 하나의 국가가 다른 나라와 외교를 할 수 없다면 그건 독립 국가라고 할 수 없어. 예를 들어서 서현이가 친구를 사귀는 데, 그걸 아빠가 못하게 막고, 만나려면 아빠한테 허락받으라고 간섭하는 거야. 그럼 서현이는 스스로의 판단을 내리고 주체적으로 삶을 사는 거야?

딸 아니. 왜 그렇게 해? 아빠가 무슨 이유로?

아빠 그러니까 말이야. 이렇게 하면 서현이의 독립성이 없어지는 거잖아. 바로 이런 거야. 조선이 외교권을 잃는다는 건 국가로서 역할을 할 수 없다는 거지.

딸 아~ 그렇구나. 그런데 갑자기 왜 10년 정도 뒤의 일을 이야기했어?

아빠 박제순이 이때 을사조약을 강제로 맺게 했던 인물 중 하나야. 그래서 이완용, 이지용, 이근택, 박제순, 권중현 이렇게 다섯 명을 5명의 적이라는 뜻으로 을사오적이라고 해.

딸 와~ 이완용만큼 나쁜 사람이네?

아빠 응. 그런 사람이야. 그래서 아빠는 어떤 면에서는 이완용이 조금 불쌍해. 이완용 뒤에 이지용이나 이근택, 박제순, 권중현은 덜 알려져서 숨은 거잖아.

딸 아빠. 이제 내가 무슨 일이 있어도 저 사람들 이름 외울 거야. 나쁜 ×들.

아빠 헐~ 우리 딸이 욕쟁이네. 암튼 일본군은 농민군을 공격하기 위해서 내려와. 이때 일본군만 내려온 게 아니라 조선군도 같이 와.

딸 아니 왜 조선군이 와? 같은 나라 사람 죽이려고?

아빠 조선군도 그러고 싶었겠어? 아까 일본군이 경복궁을 점령하고 자기들 마음대로 조선을 주물럭 펴락 했단 말이야. 그러니 조선군도 강제로 같이 가자고 한 거지.

딸 불쌍하다. 같은 나라 사람을 죽여야 하고.....

아빠 그러게 말이야. 아빠가 너무 전봉준 등 전라도랑 충청도 쪽 농민군 이야기만 해서 네가 오해할 수도 있는데, 경상도, 강원도, 경기도, 황해도 등 전국 각지에서도 농민군이 봉기해서 전투를 벌였어.

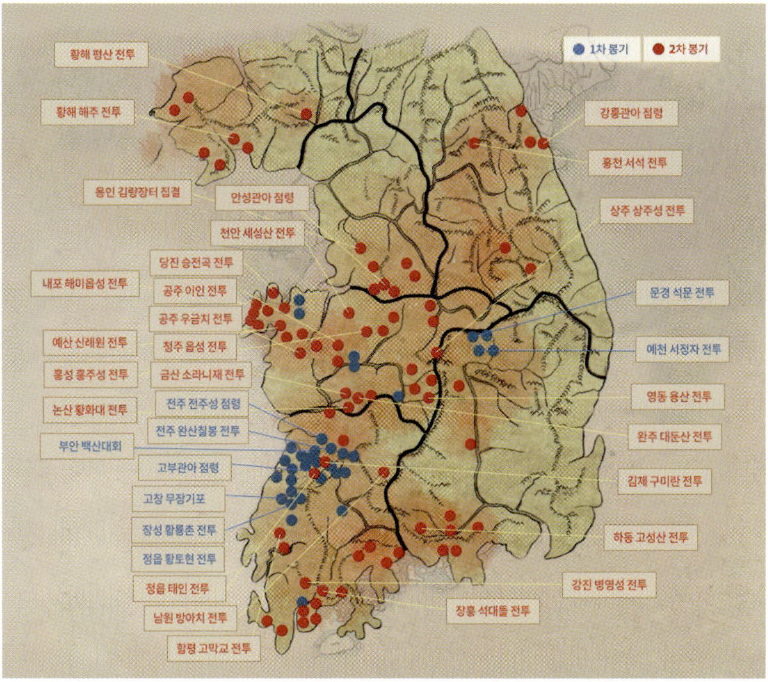

그림 73 | 전국의 동학농민혁명 지도(동학농민혁명기념재단 홈페이지)

딸　오~ 그래? 난 또 전라도랑 충청도에서만 한 줄 알았네.

아빠　당연히 나라 구하는 데 지역이 무슨 상관이야? 다 우리나라 사람들인데. 그 마음은 똑같지. 다만 주력 부대가 전라도 쪽이니까 그쪽을 주로 말하는 거야.

딸　그럴 줄 알았어. 이상하더라고 우리나라는 독립운동 잘하는 나라인데 왜 이쪽에서만 했는지.

아빠　그럼 잠깐만 다른 예를 들면, 농민군과 일본군, 관군의 첫 번째 전투는 충청도 지역 동학의 조직인 북접의 접주인 김복용 등이 진을 치고 있던 세성산이야. 지금은 천안시 목천읍에 있는데, 여기가 목천과 청주, 공주의 중간에 있는 산이야.

그림 74 | 세성산성(천안시 동남구 성남면 화성리)

딸　아빠 갑자기 왜 위쪽으로 간 거야?

아빠　큰 흐름에서 벗어나지 않으면서 농민군과 일본군, 관군의 전투를 이야기해야 하니까. 세성산은 남쪽의 전라도나 청주 등에서 서울로 통하는 요충지이기도 해. 그러니까 예전부터 여기에 성을 쌓은 산성을 만들었던 거야. 만일 농민군이 공주를 함락하면 무조건 여기를 지나가게 되어 있어. 그러니 충청도 북쪽에 있는 농민군이 여기를 지키고 있는 거야.

딸 아~ 중요한 곳이구나.

아빠 반대로 일본군에게는 여기를 먼저 정리해야 하는 거지. 게다가 세성산에 있는 농민군을 공격해서 이기면 농민군 전체의 사기가 꺾일 수 있어. 그래서 일본군과 관군은 이곳을 공격했고, 우수한 무기를 가지고 있던 일본군과 관군에게 농민군은 패배했지. 그래서 농민군은 사망자만 370여 명이고, 400여 명이 다치는 큰 피해를 봤대. 심지어 지도자였던 김복용이라는 사람은 잡혔다가 참형 즉, 목이 잘려서 죽게 되었어.

딸 으~ 불쌍해. 처음부터 져서 힘이 빠지네.

아빠 맞아. 이것 때문에 농민군은 서울로 가는 길이 차단되었고, 사기까지 떨어지게 된 거야. 그래서 중요한 전투라고 할 수 있지. 자 이제 일본군과 관군은 어디로 갈까?

딸 아까 농민군이 논산에 있다고 했으니까 세성산성을 지키거나 논산으로 가겠지?

아빠 그렇지. 일단 충청도에서 중요한 곳이 어디지?

딸 공주지. 감영이 있으니까.

아빠 맞아. 공주를 지켜야 할 거 아냐? 그래서 일본군과 관군은 공주 쪽으로 갔어. 한편, 농민군은 논산에서 군사를 둘로 나눠서 공주의 외곽인 이인과 경천으로 갔어. 이 두 곳은 공주로 들어

가려면 반드시 거쳐야 하는 곳이야. 일단 농민군은 10월 23일에 이인부터 공격해서 들어가. 아까 삼례역과 같이 이인도 조선시대에 이인역이 있는 교통의 중심지였어. 우리 서울 갈 때 쉬는 휴게소 있는 그 동네야. 당연히 일본군과 관군도 여기를 지켜야겠지?

딸 그러겠지?

그림 75 | 이인전투지(공주시 이인면 이인리): 이인초등학교와 이인면 소재지 일대이다. 우금치 전투에 앞서 농민군과 관군 · 일본군 사이에 첫 전투가 벌어진 곳이다.

아빠 그래서 23일부터 25일까지 두 곳에서 전투가 벌어졌어. 먼저 이인에서는 23일에 전투가 벌어졌는데, 초반에 일본군과 관군이 유리했는데 농민군이 산에 올라가서 대포를 쏘면서 관군과 일본군에게 집중사격을 해서 결국 쫓아냈어. 이 전투는 공주 지역에서 벌어진 첫 번째 전투이면서 승리를 거뒀다는 점에서 의미가 있어.

딸 사기가 크게 올랐겠네.

아빠 그렇지. 이쪽 방면에서는 그랬는데, 다른 방면이 있다고 했잖아? 다음날 새벽에 감영이 있는 봉황산을 포위했고, 다른 부대는 효포를 넘어서 웅치라는 곳으로 공격하려고 해.

딸 그럼 농민군이 이기는 거네?

아빠 그런데 아무래도 일본군과 관군의 무기가 좋고, 훈련도 잘 되어 있고 해서 일단은 농민군이 졌어. 그래서 농민군이 논산 쪽으로 퇴각해.

딸 그럼 어떻게 해? 진거야?

그림 76 | 효포 · 웅치 전투지(공주시 신기동 효포리): 현재의 효포초등학교에서 뒤로 보이는 산을 넘어가면 충청감영이 위치한 공주시가지가 나온다. 농민군은 이곳에서 관군 · 일본군과 전투를 벌였다.

아빠 그래서 일단 진열을 정비하고 마지막 승부수를 띄우지.

딸 그게 뭔데?

아빠 11월 9일에 다시 농민군이 힘을 내서 일본군을 공격한 거야. 그래서 일단은 일본군과 관군을 10리쯤 뒤에 있는 우금치(牛禁峙)까지 밀어내.

딸 오~ 그럼 이긴 거야?

아빠 아직 끝난 게 아니야. 우금치는 이인에서 공주로 들어가는 고갯길인데, 여기를 넘어야만 공주로 들어갈 수 있는 거야. 꽤나 높은 고개로 소 '우', 금할 '금', 고개 '치'라는 뜻이야. 옛날에 이 고개에 도둑이 많아서 해가 저문 뒤에 소를 몰고 이 고개를 넘어가는 것을 금한다는 의미로 지어진 거래.

딸 그러게 꽤나 험하네. 그래도 그만큼 힘든 건 아닌 거 같은데?

아빠 지금이야 도로가 깔려 있으니 그렇지. 그때는 도로 없이 비포장 꼬불꼬불 산길이었다고 생각해 봐. 얼마나 힘들었겠어? 어쨌든 다음날 농민군은 북쪽의 금강 방면을 제외하고 동서남으로 공주를 에워싸. 농민군이 포위하니까 당연히 일본군과 관군도 우금치를 중심으로 주변에 방어선을 만들었어.

그림 77 | 우금치 고개: 이인에서 공주로 가는 고갯길이다.

딸 오~ 긴장되네. 그럼 그렇게 많은 사람이 포위하니까 공주를 금방 점령하겠네?

아빠 아직이야 들어봐. 드디어 전봉준의 주력부대가 우금치를 공격하고, 일본군이 총과 대포를 쏘면서 본격적인 전투가 시작되었어. 그런데 봐봐. 산 위에 있는 일본군과 관군이 총이나 대포로 산 아래에서 변변한 무기도 없이 달려 들어오는 농민군을 공격하는 일은 어렵겠어? 쉽겠어?

딸 쉽지.

아빠 우금치는 당시 사람들에게는 꽤나 높은 고갯길이었을 거야. 그런 곳을 농민군이 숨차게 뛰어가서 공격하면 일본군이 산꼭대기 근처에서 한 번에 총을 쏴서 공격하고, 산속에 숨었다가 또 농민군이 넘으려고 하면 총을 쏘고... 이러기를 40 ~ 50번 정도 반복했대.

딸 불안한데? 이기기가 쉽지 않겠어.

아빠 그러게 그럴 때마다 농민군의 시체가 엄청나게 쌓였대. 아마 저 논밭이 다 시체로 가득 찼을 거야.

딸 얼마나 죽었는데?

아빠 학자들 마다 다르기는 한데, 1만 여 명이었던 농민군이 마지막에는 500명 정도밖에 안 남았다고 해.

딸 뭐야 너무 심하다. 어떻게 그렇게 많이 죽어? 불쌍해.

아빠 그러게 너무 아쉽지. 바로 이 패배는 농민군이 쓰러지는 데 결정적인 역할을 했다고 볼 수 있어.

딸 아~ 슬프다. 대체 일본군은 몇 명이었는데?

아빠 일본군이 한 200명, 관군이 2,500명 정도였대.

딸 아무리 그래도 합쳐봐야 2,700명 정도밖에 안 되는데 몇 만 명이 질 수 있다고?

아빠 그러게 아무리 사람이 많아도 무기가 훨씬 좋으니까 어쩔 수 없지. 서현이가 아무리 태권도를 잘해도 총 든 사람하고 싸우면 이길 수 있어?

딸 아니. 같이 총으로 싸우지 않으면 이길 수 없겠지.

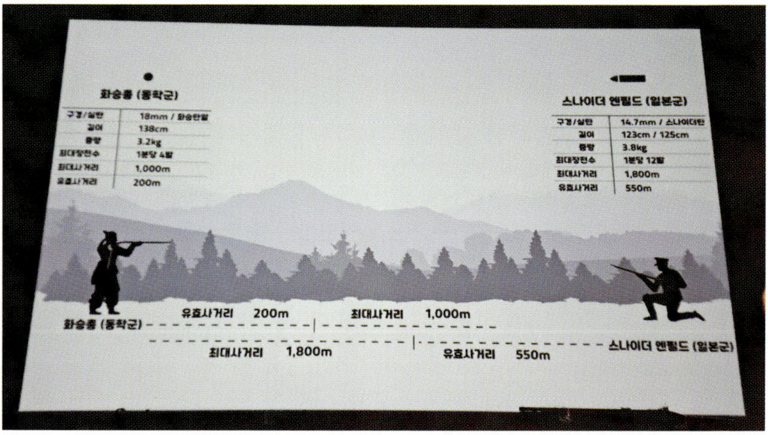

그림 78 | 동학농민기념관의 농민군과 일본군의 유효사거리 비교그림(직접 촬영)

아빠 그리고 일본군은 무기도 엄청 좋았단 말이야. 동학농민혁명기념관에 이것을 잘 보여주는 전시물이 있어. 농민군은 대부분 죽창 같은 거 가지고 있고, 잘해야 화승총을 가지고 있는데 1분당 4발정도 밖에 못 쏘고 유효사거리, 즉 맞출 수 있는 거리가 200m, 최대사거리는 1,000m밖에 안 되는 거야. 반면 일본군은 스나이더 엔필드라는 영국 총을 썼는데, 이건 1분당 12발이나 쏠 수 있고, 유효사거리 550m, 최대사거리 1,800m야. 그럼 이게 게임이 되겠어?

딸 아~ 게임이 되지 않네.

아빠 게다가 게이틀링 기관총이라고 6개의 구멍에서 총을 계속 쏘는 기관총이거든. 이런 걸로 쏘니 이길 수가 없지.

딸 아~ 슬프다. 진짜 어떻게 해볼 수 없네. 그럼 누가 봐도 지는 게 눈에 보이는데 농민군은 왜 40 ~ 50번이나 우금치를 점령하겠다고 올라간 거야?

아빠 그러게 말이야. 심지어 이때 농민군을 진압했던 이규태라는 지휘관이 쓴 글을 보면 농민군의 정신력이 얼마나 대단한지 자신도 이기기는 했지만 그날을 생각하면 등골이 오싹해진다고 표현할 정도였어.

> 아아, 저 몇 만의 농민군들이 40~50리에 뻗쳐 포위해 왔다. 길이 있으면 빼앗고 높은 봉우리를 다투어 차지하였다. 동쪽에서 소리치면 서쪽에서 달려가고 왼쪽에서 번쩍하다가 오른쪽에서 튀어나와 깃발을 휘두르고 북을 울리면서 죽음을 무릅쓰고 먼저 올라왔다. 저들은 무슨 의리이며 저들은 무슨 담략인가? 그들의 행동을 말하고 생각하니 뼈가 떨리고 마음이 서늘해진다.
>
> **– 이규태, 『선무선봉진등록』**

딸 대체 무엇 때문에 그렇게까지 해. 화가 나고 슬프다.

아빠 글쎄 그건 아빠도 잘 모르겠어. 하지만 이번 기회가 아니면 저 일본군을 이길 수 없다는 생각. 그리고 기껏 조금이라도 바꿔 놓은 세상이 다시 옛날처럼 돌아갈 수도 있다는 불안감. 당장 눈앞에서 죽어가고 있는 내 친구, 동네 사람, 가족들을 보면서 이판사판이라는 생각. 이런 것들이 뒤섞이지 않았을까?

딸 아빠. 너무 슬프다.

아빠 그러게 아빠도 슬퍼. 이 전투가 우금치에서 벌어졌다고 해서 우금치 전투라고 해. 동학농민혁명 기간 가장 많은 인원이 동원되었고, 거의 마지막 전투라고 해서 최대·최후의 전투라고 이야기해. 이렇게 원통하게 돌아가신 분들이 많아서 1973년에 그분들을 조금이라도 위로하고자 동학혁명 위령탑을 세웠고, 1994년에 이 우금치 전투를 기리기 위해서 사적으로 지정했어.

딸 아빠. 그런데 왜 이쪽 방향에 만들었어? 전투가 벌어지는 곳은 공주로 올라가는 쪽인데 오히려 여기는 거꾸로 공주로 내려가는 곳이잖아.

그림 79 | 동학혁명군위령탑(공주시 금학동):
농민군의 혼을 위로하고 기리기 위해 1973년에 탑을 세웠다.

아빠 우리 딸이 갈수록 똑똑해지네. 네 말이 맞아. 원래 전투지는 반대방향이지. 그런데 이 탑을 세우는 과정에서 여기서라도 그토록 닿고 싶었던 공주 시내를 바라보라는 의미에서 여기에 세웠대.

딸 아~ 그런 깊은 뜻이 있었구나. 아빠 설명 안 들었으면 난 아마 거꾸로 공주시내에서 여기로 올라오다 돌아가셨을 거라고 오해했을 거 같아.

아빠 그러니까 직접 유적지를 가보고 눈으로 보면 그런 오해를 하지 않지.

딸 그러게 아빠가 있으니까 그런 걱정은 안 해도 되겠지 뭐. 그럼 농민군이 져서 끝난 거야?

아빠 아니 일단 몇 만 명이 사망하니까 부대를 논산 쪽으로 다시 후퇴했어. 이런 상황에서 남원 쪽에서 활약하던 김개남의 농민군이 청주 쪽으로 공격한다는 소식을 들어.

딸 근데 공주에서 싸움이 났는데 왜 청주로 가?

아빠 응. 청주에 진남영(鎭南營)이라고 조선말에 지방에 신식 무기를 지급한 군대가 있었어. 이게 조선 8도에 다 있었어. 앞에 정읍 황토현 전투할 때 전라도에 있던 군대하고 농민군하고 싸웠지? 그때 전주에 있던 부대 이름은 무남영(武南營)이야. 아빠가 어려워서 설명을 안 했는데, 이것처럼 충청도는 청주에 있었던 거야. 청주는 서울로 올라가는 또 다른 길목이기도 하니까, 김개남이 전봉준 세력과는 다른 길로 올라간 거야.

딸 아까 아빠가 설명했어. 김개남도 졌어?

아빠 응. 아쉽게도 거기서도 일본군과 관군에게 져서 결국 다시 전라도로 후퇴해.

딸 힝. 맨날 져.

아빠 그러게 나도 아쉽다. 결국 우금치 전투의 패배로 농민군은 서울로 북상을 포기했어. 그리고 실질적으로 제2차 동학농민봉기의 승패를 결정지은 전투라고 할 수 있어.

그림 80 | 우금치 전적 알림터(공주시 금학동):
위령탑 아래에 동학농민혁명과 우금치 전투에 대해 소개하는 알림터이다.

9장

—

별이 지다

9장

별이 지다

아빠 자 일본군과 관군은 크게 이겼으니 어떻게 할까? 너희들 잘 가라 하겠지?

딸 아니겠지. 남은 사람들 다 죽이려고 하겠지.

아빠 맞아. 당시 전봉준은 3,000명 정도를 이끌고 있었는데 14일부터 일본군과 관군의 추격을 받기 시작해. 그래서 15일에는 논산 황화대라는 곳에서 전투를 벌였는데 여기서도 졌어. 그래서 강경으로 후퇴했는데 여기서 김개남을 만났다고 해.

그림 81 | 황화산성지(논산시 등화동):
현재는 터만 남아 있고, 정상에 봉화대가 있다. 바로 옆에 대건고등학교가 있다.

딸 그럼 둘이 만났으니까 뭐라도 하나?

아빠 아쉽게도 지금 몇 만 명이나 죽고, 전투에서 계속 졌어. 게다가 일본군하고 관군이 우리를 잡겠다고 쫓아오는데 뭘 하고 싶을까?

딸 아니 아무것도 하고 싶지 않겠지.

아빠 이런 걸 사기가 떨어졌다고 하는 거야. 그냥 계속 남쪽으로 도망갔지. 결국 19일에 대도소도 있는 거점인 전주에 도착했어.

딸 그럼 여기서 다시 뭘 해? 저번에 완산전투처럼 성을 지키나?

아빠 안타깝게도 그럴 수가 없는 상황이었어. 22일 밤에 전봉준과 손병희는 고부 방향으로, 김개남은 자기의 세력이 있는 남원 방향으로 흩어졌어. 그리고 다음날 일본군과 관군이 전주성을 점령해.

딸 그럼 완전히 끝난 거야?

그림 82 | 구미란 전적지(김제시 금산면 원평리):
원평시장 뒷편에 있는 작은 동산으로 농민군이 전투를 벌였던 곳이다.

아빠 뭐 거의 그렇다고 봐야지 사실상 농민군이 해산된 거나 마찬가지였어. 그래도 금구, 고부, 태인 이쪽이 원래 동학농민혁명이 시작된 곳이었잖아? 그래서인지 다시 일부 농민군이 조금 모였어. 그래서 원평의 구미란이라는 산에서 다시 싸웠는데 반나절 만에 또 진거야.

딸 거기 원평집회 있고, 집강소 있던 곳 아니야?

아빠 맞아. 그만큼 농민군의 거점 같은 곳이었으니까 그나마 모여서 싸웠던 거지. 어쨌든 또 져서 다시 남쪽의 태인으로 갔어. 태인에서 다시 농민군들이 합세해서 상당히 큰 세력을 이루고 관아 뒤에 있는 성황산이라는 곳에서 전투를 벌였는데, 여기서도 40명 정도 사상자를 내면서 진거야.

딸 아~ 마음이 아파서 못 듣겠다.

아빠 그러게. 마지막 불꽃으로 농민군이 조직적으로 모여서 싸웠는데도 진 거잖아. 결국 전봉준도 버틸 수 없었나 봐. 태인전투 이후에 농민군을 완전히 해산시켰어. 그리고 본인을 비롯한 대부분의 지도자들이 도망가.

그림 83 | 성황산(정읍시 태인면 태창리): 피향정 방향에서 바라본 성황산이다. 공식적인 마지막 전투가 벌어진 곳이다. 태인전투라고 한다.

딸　　더 이상 도망갈 데가 있어? 도망갔던 사람들은 어떻게 된 거야?

아빠　일단 전봉준하고 손병희가 태인 전투 후 따로 흩어졌어. 전봉준은 장성의 입암산성과 백양사라는 절을 거쳐서 김개남이 있다는 태인 산내면 종성리 쪽으로 가다가 순창 쌍치면 피노리라는 곳에 도착해. 거기서 옛 부하였던 김경천이라는 사람이 신고하는 바람에 결국 잡히게 되지.

딸　　이런 배신자.

아빠　그러게 지금 전봉준이 잡힌 곳을 전봉준 피체지(被逮地)라고 해서 기념시설을 만들었어.

그림 84 | 전봉준 장군 피체 유적비(순창군 쌍치면 금성리): 유적지를 조성하면서 비석을 세웠다. 특이한 것은 순창에서 전봉준 장군이 잡혔다는 사실 때문인지 아래 부분에 굵은 글씨로 '고부군 달천면 달천리 출신 김경천의 밀고'에 의해 체포되었다고 기재한 것이다.

딸 아빠. 피체지가 뭐야?

아빠 아~ 이제부터 많이 나올 건데 남에게 당하게 되는 행위, 우리 영어에서 피동태라고 알려진 '피' 자를 써. 그리고 잡히다. 체포되다 할 때 '체', 장소라는 의미의 '지'. 이걸 합치면?

딸 잡힌 장소?

아빠 그렇지. 그런 의미를 피체지라고 하는 거야.

딸 뭐야. 그냥 '잡힌 곳' 아니면 '체포당한 곳'이라고 하면 되지 어렵게 피체지야? 나 같은 사람은 알지도 못하겠다.

아빠 그러게 아빠가 만든 단어는 아닌데 미안해. 이게 역사 용어라서…

딸 그러니까 역사가 싫은 거야.

아빠 넌 아빠가 역사 선생인데도 그런 말을 하냐. 그러게 나중에 이런 건 꼭 바꾸자고 해야겠어. 암튼 전봉준이 잡힐 때 도망치다가 관군에게 엄청 두들겨 맞았대. 그래서 전봉준이 가마를 타고 있는 사진 있잖아? 봤지?

딸 응. 봤어. 그거 유명하잖아. 「녹두꽃」에도 나왔어.

아빠 맞아. 그거. 엄청 두들겨 맞아서 걸을 수 없을 정도였대. 그래서 어쩔 수 없이 가마를 탄 거라고 해.

딸 불쌍하다.

아빠 그렇게 잡혀서 전주를 거쳐서 서울에 가서 5번에 걸쳐 재판받고 다음 해인 1895년 3월 30일에 손화중, 최경선, 김덕명, 성두환하고 교수형을 당해.

딸 슬프다.

아빠 그러게 말이야. 역설적으로 원래 조선은 이런 죄를 지으면 목을 베는 참형에 처한단 말이야. 사극 같은 거에서 봤지? 망나니가 칼로 목을 치는 거?

딸 응. 봤어. 진짜 잔인해.

아빠 그런데 갑오개혁이 실시되면서 아무리 사형수라 하더라도 재판을 받고, 교수형을 처하게 했어. 그래서 아이러니하게도 이런 교수형을 당한 사람이 전봉준과 손화중 등이었던 거야.

딸 갑오개혁의 혜택이라고 해야 하나?

아빠 그렇게 볼 수도 있겠네. 그리고 재판 기록들은 '전봉준 공초'라고 해서 지금까지 책으로 남아 있어. 그래서 전봉준이 동학농민혁명 때 어떤 생각으로 뭘 했는지 등을 알 수 있지.

딸 손화중은 어떻게 잡혔어?

아빠 아빠가 모두를 다 말할 수 없으니 중요한 몇 명만 할게. 손화중도 자기가 살던 고창 쪽으로 갔어. 부안면 안현리라고 거기 이씨들의 제사 지내는 집(祭室)에 있다가 이곳을 관리하는 이봉우라는 사람이 고발해서 관군에게 체포당했어. 그래서 전주를 거쳐 서울로 잡혀가고 나중에 전봉준하고 같이 사형당해.

딸 와~ 무슨 다 아는 사람이 배신하네. 김개남은?

아빠 김개남도 아는 사람이 배신했어. 자기 집 근처에 있는 산내면 종성리에 사는 친구였던 임병찬이라는 사람이 '여기는 산도 높고 깊어서 숨어 있기 좋다.' 이런 식으로 꼬드긴 거야. 그래놓고 고발해서 잡혀갔어.

그림 85 | 손화중 피체지(고창군 부안면 송현리)

딸 친구라면서. 진짜 나쁜 ×이네.

아빠 참 이게 나쁜 사람이라고 말하기도 애매한 게. 이 임병찬이라는 사람은 나중에 의병 활동을 한단 말이야. 그래서 고발했다고 나쁘다고 하기에는 애매해.

딸 그렇기는 하네.

아빠 아마 임병찬은 동학농민혁명으로 세상을 바꿀 수 없고, 그렇게 바뀌는 세상은 좋지 않다고 생각했나 봐. 가치관이 다르면 어쩔 수 없어.

딸 그래도 너무하다. 김개남 장군도 서울로 잡혀갔어?

아빠 아니. 김개남은 좀 불쌍해. 왜냐하면 지도자급들 중에 유일하게 목이 잘렸거든.

딸 아빠가 좀 전에 갑오개혁 때문에 함부로 목을 베지 않는다며? 거짓말하는 거야?

아빠 그게 아니라. 김개남은 '열혈남아'라고 했잖아. 그러다 보니 관군이 보기에 진짜 위험한 사람인 거야. 게다가 남원 부사 지금으로 치면 남원시장도 죽이고, 그 밑에 농민군들이 좀 험한 일도 많이 했거든. 그러니까 사람들한테 원한도 많고, 위험 인물이고 그래서 전라 감사 이도재라는 사람이 '김개남은 서울로 보내다가 농민군이 훔쳐갈 수 있다.'는 핑계로 재판 없이 전주의 서교장이라는 곳에서 목을 베었어. 지금까지 그 장소가 남부시장 건너편의 초록바위라고 알려졌는데 최근 연구에 의하면 진북동 우성아파트 일대라고 해.

그림 86 | 이사벨라 버드 비숍, 『조선과 이웃나라들』

딸　　와~ 진짜 무섭네. 그리고 불쌍하다.

아빠　　그래서 그 목을 서울에 보냈고 12월 말에 서소문 근처에 3일간 걸어 놨다가 다시 전주에 걸어놨어.

딸　　으~ 징그러 목을 왜?

아빠　　봐 무섭지? 그래야 사람들이 반란을 안 일으킬 거 아냐? 이때 이사벨라 버드 비숍(Isabella Bird Bishop)이라는 영국의 여행 작가가 이걸 봤대. 그래서 관련 내용을 기록하고, 그림까지 그렸어. 그림 밑에 동학 교도의 머리라고까지 적었지. 그러니까 저 둘 중 하나는 김개남이 확실한 거 같아.

딸　　불쌍하다. 그림까지 남고. 그럼 다른 사람들도 다 잡힌 거야?

아빠　　아마 거의 잡히거나 고향에 가도 민보군과 관군이 그 사람들과 가족을 학대했을 거야. 그래서 다른 지역으로 도망가고, 잡힌 사람들은 거의 죽고.....

딸　　그럼 살아남은 사람은 없어?

아빠　　다행히 지도자였던 사람 중 남은 사람이 있어.

딸　　그게 누군데?

아빠　　바로 손병희야. 손병희는 태인에서 전봉준이랑 헤어진 뒤에 장성으로 갔다가 바로 옆의 순창을 지나서 임실에서 최시형을 만나서 같이 도망쳤어. 그리고 무주를 지나서 원래 본거지인 충청도 지역으로 가는 중에 또 관군의 공격을 받아서 패배했지. 그래도 겨우 도망쳐서 보은 쪽으로 갔단 말이야. 그런데 거기서도 또 공격을 받아서 청주, 충주 쪽으로 도망갔는데도 계속 지니까 결국 최시형이 모든 조직을 없애고 알아서 숨자고 해.

딸　　최시형은 저번 최제우가 죽고 나서도 도망 다니면서 안 잡혔잖아? 이번에도 안 잡혔어?

아빠 맞아. 최시형이랑 손병희 등 북접 교주들은 강원도와 충청북도 쪽으로 도망 다니면서 거의 잡히지 않아. 그런데 한 3 ~ 4년 후인 1898년 5월에 강원도 원주 송골이라는 곳에서 최시형이 잡혀.

딸 잘 도망 다녔는데 아쉽네... 그럼 잡혔으니까 사형당해?

아빠 그렇지. 그해 6월 초에 육군법원 교수대에서 교수형에 처해지지. 그래서 그때쯤 찍은 사진이 지금까지 남아 있는 거야. 거기에 보면 옆에 '동학괴수 최시형'이라고 쓰여있지.

딸 그래도 되게 오래 산 거 같아? 다른 사람들은 30 ~ 40대에 돌아가셨는데, 사진상으로는 나이가 엄청 많아 보이는데?

아빠 맞아. 1827년생이니까 만 71세까지 당시로 치면 장수했다고 볼 수 있겠네. 최시형은 동학의 2대 교주로 작은 새로운 종교였던 조직을 불과 30년 만에 전국에서 가장 크고 조직력 있게 만든 사람이야. 게다가 스승이었던 최제우가 남긴 내용들을 『동경대전』 등 책으로 남겼고, 종교적 의례, (어떻게 기도하고, 제사 지내는지 등) 수련 방식 등을 만든 거야. 그 자체만으로 대단하지. 게다가 동학의 평등사상이나 포접제 조직도 구체화 한 분이라 그 역사적 의미는 대단하다고 할 수 있어.

딸 그러게. 훌륭한 분이네. 그럼 다른 사람들도 잡혔어?

아빠 다행히 3대 교주가 된 손병희랑 지도자 상당수는 잡히지 않고 살았어.

딸 와~ 대단하다.

아빠　손병희 등은 동학에서 천도교(天道敎)로 이름을 바꾸고 다시 교단을 조직해. 나중에 천도교는 한국사 책에도 나오고 시험에도 잘 출제되는데, 이런 성격을 가지고 있으니까 독립운동과 개혁운동 여기에 관심이 많아.

딸　어떻게?

아빠　뒤에 이야기이기는 한데 1919년에 3·1 운동이 있었잖아? 민족대표 33인에 손병희를 비롯한 천도교 사람이 8명이나 되거든.

딸　와~ 역시 이 사람들은 안 변하는구나?

아빠　안 변한다니?

딸　아니 동학농민혁명에 참여했던 그 정신을 이어서 3·1 운동까지 한 거잖아. 대단한 사람들인 거잖아.

아빠　아 그런 의미로? 그렇지. 그런 뜻에서 대단한 사람들이지. 살짝만 더 이야기하자면 3·1 운동할 때 유인물을 나눠줄 거 아냐? 그것도 보성사라고 천도교 신도였던 이종일이라는 사람이 사장이었는데, 거기서 보관하고 인쇄한 거야.

딸　대박. 난 무서워서 못했을 거 같아.

아빠　맞아. 일본이 가만 놔뒀겠어? 나중에 이종일은 감옥에 잡혀가고, 보성사는 원인을 알 수 없는 화재로 불타. 아마 일제가 시켰을 거라는 의심만 있지. 이렇게 보복을 당해.

딸　대단하다. 일본이 그럴 줄 알았을 거잖아.

아빠　그러게 말이야. 그렇다고 동학교도 중 모든 사람이 독립운동을 하지는 않았어. 어떤 사람들은 변절해서 일진회(一進會)라고 친일단체를 만들어서 친일 행동을 한 사람도 있어.

딸　그러게 그런 사람들은 언제나 있지만 씁쓸하다.

아빠 암튼 전봉준 등 지도자들이 잡혀가고 농민군이 흩어지는 상황에서도 끝까지 싸웠던 사람들이 있어.

딸 그런 사람들도 있다고? 완전 다 망했는데?

아빠 1895년 1월에 전라북도하고 충청남도 경계인 대둔산이라고 있어. 가봤지? 케이블카 타고 가는 산 있잖아.

딸 맞아. 아빠랑 가봤어. 거기 엄청 멋있었는데.

아빠 그래. 그 산 정상 부근으로 도망갔던 농민군 25명이 1월 하순에 일본군과 관군의 공격에 맞서서 끝까지 싸우다가 어린 소년 1명만 빼고 다 사살당했어.

딸 아~ 슬프다.

그림 87 | 대둔산항쟁 전적비(완주군 운주면 산북리). 케이블카를 타는 곳에서 50M가량 올라가면 세워져 있다. 항쟁지는 케이블카를 타고 가면 보이는 정상 부근에 있다.

아빠 이걸 대둔산에서 끝까지 맞서 싸웠다고 해서 '대둔산 항쟁'이라고 해. 그리고 기록상 동학농민혁명의 마지막 저항이라는 의미를 가지고 있어. 실제로 그다음 날부터 전라도 일대에 있던 일본군과 관군이 철수하기 시작해.

딸 이것도 되게 의미 있네. 그럼 대체 얼마나 많은 사람들이 죽고 다친 거야?

아빠 그 숫자는 정확히 알 수 없어. 아까 위에 지도에서 본 것처럼 1차 봉기뿐만 아니라 2차 봉기 때에도 전라도와 충청도를 제외한 많은 지역에서도 희생이 있었어. 대표적으로 강원도 홍천 서석 전투라던지, 황해도 해주 전투, 경상도 상주 상주성 전투 등 말이야.

딸 아빠 그런 것 까지 어떻게 외우라고 그래?

아빠 아니 외우라는 건 아니고 다른 지역에서도 활발하게 있었다는 거지. 그렇다는 건 정말 많은 사람들이 참여했다는 거고, 많은 희생이 있었다는 거잖아. 그래서 당시의 문서들을 보면 어떤 사람은 20만 명 ~ 40만 명이 희생되었다고 해.

딸 아빠. 나 진~짜 궁금한 게 있어.

아빠 뭔데?

딸 대체 왜 동학농민군은 자기들이 계란으로 바위치기 인 걸 알면서도 자기 목숨을 버려가면서 여기에 참가한 거야? 대부분은 나처럼 평범한 사람이었을 거잖아. 난 무서워서 못할 거 같은데.

아빠 아빠도 정확히는 모르지. 다만 전봉준이 나중에 잡혀서 했던 말에서 그 분위기는 느낄 수 있어.

딸 뭐라고 했는데?

아빠 원통한 사람들과 동학교도들이 합세했는데 사회에 불만 가지는 사람이 많았다는 거야. 그리고 일본이 궁궐을 공격해서 임금에게 충성하는 마음을 가지고 있는 일반 사람들도 의병을 일으켜서 싸웠다는 거야.

문: 너는 전라도 동학의 괴수라고 하던데 과연 그러한가?

답: 처음에는 의를 주장하고자 기포(起包)하였다. 동학의 괴수라 할 것은 없나이다.

문: 고부에서 기포하였을 때에 동학이 많았는가? 원통한 사람들이 많았는가?

답: 비록 원통한 사람들과 동학이 합세하였으나 동학은 적었으며 원통한 사람들이 많았다. …(중략)…

문: 다시 난을 일으킨 것은 무슨 이유인가?

답: 그 후에 들으니 일본이 개화라 칭하고, 처음부터 한마디 말도 없이 민간에게 전달하여 임금을 놀라게 하였다. 그러므로 시골의 백성들이 임금에게 충성을 다하고 나라를 사랑하는 마음으로 강개함을 이기지 못하여 의병을 규합하고 일본인과 접전하여 이 사실을 일차 묻고자 함이다.

–『전봉준 공초(재판 기록문)』

딸 아~ 제폭구민하고 보국안민!!

아빠 맞아. 가혹한 정치로부터 백성들을 구하고 나라를 지키겠다는 거지. 이걸 교과서에 나오는 말로 조금 바꾸면 반봉건적 성격을 가졌다고 해. 즉, 전통적인 지배 방식에 반대해서 새로운 세상을 꿈꾼 거지. 그리고 반외세의 성격을 가졌어. 외세의 침략을 자주적으로 물리치고자 한 농민으로 상징되는 아래부터 시작된 농민 운동이야.

딸 그럼 제폭구민이 반봉건, 보국안민이 반외세라고 할 수 있겠네.

아빠 그렇다고 볼 수 있지. 방금 이 내용은 정말 중요한 내용이고, 시험에도 많이 나오니까 꼭 외어야 해.

딸 알겠어. 이건 진짜 많이 들어서 외울 수 있을 거 같아.

아빠 지금까지 아빠가 동학농민혁명을 이야기했던 걸 요약한 노래가 있어.

딸 그런 게 있어? 한국을 빛낸 100명의 위인들 같은 거야? 진작 알려주지.

아빠 그거 하고는 조금 다른데. 혹시 학교 음악시간에 들어봤거나 TV에서 들어봤을 거야.

딸 뭔데? 궁금하게.

아빠 새야 새야 파랑새야. 이 노래 들어봤지?

딸 아~ 그거 「녹두꽃」에서 들어본 거 같아.

아빠 맞아 거기에도 나오고 학교 음악시간에도 배워. 원래는 민요 형식으로 누가 지었는지도 모르지만 지금까지 내려와. 어쨌든 그 가사에 깊은 상징적 의미가 있어.

새야 새야 파랑새야
녹두밭에 앉지마라
녹두꽃이 떨어지면
청포장수 울고간다

새야 새야 파랑새야
전주고부 녹두새야
어서 바삐 날아가라
댓잎 솔잎 푸르다고
하절인줄 알았더니
백설이 펄펄
엄동설한 되었구나

그림 88 | 전봉준 생가의 새야 새야 파랑새야 비석(고창군 죽림리)

딸 그런 게 있었어?

아빠 그럼. 다 의미가 있지. 물론 학자들마다 여러 학설이 있지만 그걸 다 말할 수 없고, 파랑새는 일본군을 의미한다고 해.

딸 왜?

아빠 동학농민혁명 당시에 일본군이 파란색 군복을 입었대. 그래서 파랑새가 일본군을 상징하는 거야.

딸 오~ 몰랐어. 그런 게 있구나. 녹두는 전봉준 장군이지?

아빠 맞아. 눈치가 빨라졌어. 전봉준이 녹두장군이라고 불렸잖아? 그래서 녹두밭은 농민군, 녹두꽃은 전봉준을 상징하는 거야. 그리고 청포장수는 녹두꽃이 떨어지는 것을 슬퍼하는 일반 백성을 의미하는 거고.

딸 듣고 보니 그런 거 같네. 뒷부분은 처음 들었어. 거기도 의미가 있어?

아빠 당연히 있지. '전주고부 녹두새야'는 일단 고부에서 농민봉기가 시작되었잖아? 그리고 전주에서 화약을 맺고 집강소 시대를 열었잖아. 여기에 머물지 말고 어서 진격하라는 거였어. 그리고 하절(夏節)은 여름 '하', 절기 '절'이야. 즉, 여름을 나타내는 데, 집강소를 설치했던 전성기를 의미하지. 그런데 우금치 전투에서 패배한 시점은 흰 눈이 펄펄 내리는 심한 추위인 '엄동설한(嚴冬雪寒)'이란 말이야. 즉, 가장 전성기와 실패로 끝난 시기를 모두 넣은 것이라고 볼 수 있어.

딸 그러네. 이런 뜻이 있는 줄 몰랐어. 진짜 그냥 만든 게 아니었네.

아빠 그러니까 이 노래는 동학농민혁명의 주체와 전개 과정을 요약한 것이라고 볼 수 있는 거야.

딸 뜻을 알고 들으니까 눈물 날 정도로 슬프다. 그럼 동학농민혁명이 왜 실패한 거야? 무기가 안 좋아서?

아빠 그런 요인도 있지. 그런데 큰 틀로 보면 방금 봤던 반봉건, 반외세의 성격을 가지고 있잖아? 그러면 누가 싫어하겠어?

딸 양반들하고 일본?

아빠 정답!! 완전 똑똑해졌네. 맞아. 동학농민군이 요구하는 걸 다 실현하면 양반을 비롯한 권력을 가진 사람들이 싫고, 반외세를 외치면 조선을 점령하려는 일본이 싫어하겠지. 그래서 그 두 세력이 농민군을 탄압한 거야. 그래서 실패했지.

딸 그 사람들은 싫을 수밖에 없었겠네. 근데 진짜 궁금한데 동학농민혁명은 실패한 거잖아? 그런데 왜 우리 역사에서 중요한 거야?

아빠 물론 실패했지. 그런데 우리나라뿐만 아니라 전 세계적으로 실패했어도 그 유산 덕에 다른 것으로 발전하는 일이 많아. 원래 역사에서 혁명이나 개혁은 그 당시에 실패했어도 그러한 경험으로 몇 년 혹은 몇십 년 후에 원하는 내용으로 조금씩 반영이 되거든. 그래서 인류 역사를 놓고 보면 원시, 혹은 고대보다 조금씩 발전해 나가는 거야. 너도 지난번에 한자능력시험 떨어졌지만, 그때 공부한 게 있었기 때문에 다음 시험에 합격했잖아.

딸 내 이야기를 하니까 기분이 나쁘긴 한데, 이해는 되네. 아~ 자존심 상해.

아빠 하던 이야기 계속하자면 동학농민혁명이 크게 일어나고 전주화약 같은 것들도 맺었기 때문에 결국 갑오개혁에서도 신분제 폐지나 탐관오리를 내쫓는 내용들이 조금이라도 반영된 거야. 게다가 농민군의 남은 세력들 중 상당수가 의병에 가담해서 나중에 의병활동을 활발하게 하지. 그리고 우리에게는 좋지 않지만 청일전쟁이 일어났잖아. 그래서 기존에는 중국, 조선, 일본 등 동아시아에서 중국의 청나라가 강했는데, 일본의 세력이 강해지는 국제질서의 변화까지 나타난 거야. 이건 세계사적으로도 영향을 끼친 거라고 할 수 있어. 이러니까 동학농민혁명이 비록 당시에는 실패했지만 여러 가지 영향을 미쳤기 때문에 우리 역사에서 매우 중요한 사건이라고 할 수 있는 거야.

딸 다 아빠가 설명해 줬던 거네. 그걸로 말해주니까 이해가 잘돼.

아빠 그래 다행이다. 이해해서. 아직 못 간 곳도 많고, 하지 못한 말도 많지만, 이제 이걸로 동학농민혁명 유적지 탐험은 마칠까?

딸 그래 아빠. 아무것도 모르던 내가 이제는 조금 알 것 같아. 나 데리고 다니면서 설명해 줘서 고마웠어~

참고문헌

오지영, 『동학사』, 대광문화사, 1984.

이이화, 『동학농민전쟁역사기행 : 동학농민전쟁의 발자취를 찾아서』, 여강출판사, 1993.

한국역사연구회, 『1894년 농민전쟁연구』, 역사비평사, 1995.

신순철·이진영, 『(실록)동학농민혁명사』, 서경문화사, 1998.

국사편찬위원회, 『한국사 - 제국주의의 침투와 동학농민전쟁』, 국사편찬위원회, 1999.

배항섭, 『조선후기 민중운동과 동학농민전쟁의 발발』, 경인문화사, 2002.

왕현종, 『한국 근대국가의 형성과 갑오개혁』, 역사비평사, 2003.

한우근, 『동학 농민 봉기』, 한국학술정보, 2003.

이영호, 『동학과 농민전쟁』, 혜안, 2004.

표영삼, 『동학』 1, 통나무, 2004.

신용하, 『동학농민혁명운동의 사회사』, 지식산업사, 2005.

신복룡, 『동학사상과 갑오농민혁명』, 선인, 2006.

박맹수, 『(사료로 보는) 동학과 동학농민혁명』, 모시는 사람들, 2009.

전라북도, 『이이화의 동학농민혁명사』, 정읍시 정읍동학농민혁명계승사업회, 2011.

채길순, 『(새로 쓰는) 동학기행』, 모시는사람들, 2012.

윤석산, 『동학·천도교의 어제와 오늘』, 한양대학교 출판부, 2013.

박맹수, 『생명의 눈으로 보는 동학』, 모시는 사람들, 2014.

조광환, 『전봉준과 동학농민혁명 : 우리나라 최고의 아고라, 발로 찾아 쓴 동학농민혁명 이야기』, 살림터, 2014.

이이화, 『동학농민혁명과 전북』, 전주역사박물관, 2014.

홍영기, 『동학혁명 한말의병』, 생각쉼표 휴먼컬처아리랑, 2015.

이이화, 『전봉준 혁명의 기록 : 동학농민전쟁 120년, 녹두꽃 피다』, 교보문고, 2015.

이이화, 『이이화 한국사 이야기-민중의 함성 동학농민전쟁』 18, 한길사, 2015.

황현, 『오동나무 아래에서 역사를 기록하다 : 황현이 본 동학농민전쟁 : 오하기문』, 역사비평사, 2016.

야기미디어·그림 백문호, 『WHO? 한국사 전봉준』, 다산어린이, 2016.

이이화, 『민란의 시대 : 조선의 마지막 100년』, 한겨레출판, 2017.

동학농민혁명기념재단, 『동학농민혁명, 지도 위에서 만나다』, 동학농민혁명기념재단, 2017.

표영삼, 『표영삼의 동학혁명운동사』, 모시는사람들, 2018.

권용찬 글·그림 김모락, 『WHO? 한국사 조선시대 최제우·최시형』, 다산어린이, 2018.

이승현, 『동학으로 가는 길 : 이야기와 함께하는 우리가족 동학답사기』, 모시는사람들, 2018.

성주현, 『동학과 동학농민혁명』, 선인, 2019.

백승종, 『동학에서 미래를 배운다』, 들녘, 2019.

신복룡, 『전봉준 평전』, 들녘, 2019.

신정일, 『(신정일의) 동학농민혁명 답사기』, 푸른영토, 2019.

동학농민혁명기념재단, 『동학농민혁명, 기억과 기념의 역사』, 동학농민혁명기념재단, 2020.

김삼웅, 『개남, 새 세상을 열다 : 동학혁명과 김개남』, 모시는 사람들, 2020.

충청남도역사문화연구원, 『충남동학농민혁명 : 전개와 역사적 의의』, 충청남도역사문화연구원, 2020.

신영우, 『동학농민혁명 2차 봉기와 동학농민군 서훈』, 동학농민혁명기념재단, 2020.

이이화, 『이이화의 동학농민혁명사』 1·2·3, 교유서가 교유당, 2020.

이이화, 『전봉준, 혁명의 기록 : 동학농민전쟁 120년, 녹두꽃 피다 : 큰글자도서』, 생각정원, 2021.

동학농민혁명기념재단, 『동학농민혁명 유적지편람』 1·2·3·4, 동학농민혁명기념재단, 2020.

충청남도역사문화연구원, 『충청남도 동학농민혁명 이야기』 1·2·3·4·5, 충청남도역사문화연구원, 2022.

충청남도역사문화연구원, 『충남 동학농민혁명사』, 충청남도역사문화연구원, 2022.

김용옥, 『동경대전』 1·2, 통나무, 2021·2023.

김삼웅, 『(생명사상의 원류, 동학을 이끈) 해월 최시형 평전』, 미디어샘, 2023.

동학농민혁명기념재단 홈페이지 https:// www. 1894. or. kr/main/#

아이와 함께하는 동학농민혁명 유적지 탐험

지은이 박정민, 박서현
펴낸이 양오봉
펴낸곳 전북대학교출판문화원

초판 1쇄 인쇄 2024. 2. 5
초판 1쇄 발행 2024. 2. 10

전북대학교출판문화원 전라북도 전주시 완산구 어진길 32 (풍남동2가)
전화 (063) 219-5319~5322
FAX (063) 219-5323
출판등록 2012년 8월 20일 제465-2012-000021호

값 23,000원

ISBN 979-11-6372-220-5 03910